「卑弥呼王朝」の全貌

松重楊江 Yoko Matsushige

たま出版

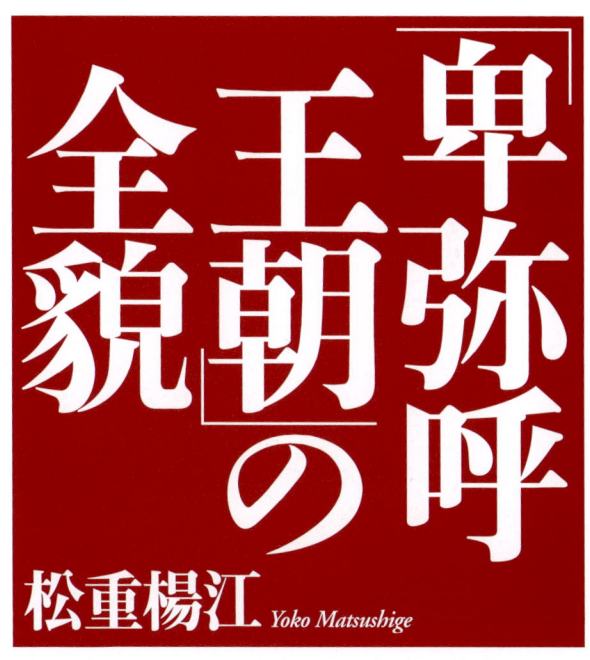

はじめに

稀有《けう》な能力を持った歴史研究家、中原和人氏が亡くなったのは、二〇〇七年十二月のことである。遺作となった『失われた大和のユダヤ王国』（松重楊江との共著。たま出版）では、従来の『記紀』という〝偽史〟によって失われた『日本旧国史』が明らかにされ、真実の歴史「天孫降臨」物語が次のように述べられている。

〔旧伊勢国へ、猿田彦らのヘレニズム文化が伝来した〕

前八六年、ユダヤ系ガド族猿田彦命《さるたひこのみこと》の下にイッサカル族、そしてゼブルン族が結集し、対馬（長崎県下県《しもあがた》郡豊玉町）浅茅湾《あそう》内の高天原《たかまがはら》から船出した。この一行、いわゆる天孫族は、当時弥生文化が盛んであった北九州へ渡来し、旧伊勢国を建てた。そこは、九州筑紫の平群《へぐり》の地、吉武高木《よしたけたかぎ》や平原《ひらばる》の地であった。

初代猿田彦命は王宮を吉武高木に構え、ヘレニズム文化（ギリシャと波斯〔ペルシャ〕の混合文化）をもたらし、鉄鐸《てったく》・銅鐸《どうたく》などを生産する一大青銅器文化圏を建設した。

初代猿田彦命が結核で病死した後は、イッサカル族出身の王妃（絶世の美女・磐長姫《いわながひめ》）が女王となって王権を継ぎ、長く君臨した。

〔太陽神殿を築き、三種神器を祀る〕

猿田彦命の二代目は平原《ひらばる》に王宮を移し、『記紀』に出てくる〃前の君〃と呼ばれた。また、猿田彦二世はイスラエルの神であるバアル神を祀る太陽神殿（『記紀』でいう天照《あまてるの》大神《かみ》を祀る日代宮《ひしろのみや》）を平原王墓に築き、八咫鏡《やたのかがみ》、鉄剣、勾玉の「三種《さんしゅ》の神器《じんぎ》」を奉納した。彼は、この最新式の青銅器文化をもって九州一円に進出し、先住民であるシュメール人・苗族《ミヤオぞく》・港川人《みなとがわじん》らを支配下に置いていった。

このような二代目猿田彦命の話が、八世紀の『記紀』撰上の折に、景行《けいこう》天皇の倭建命《やまとたけるのみこと》九州征服譚に盗用され、そのため後世、この地が「竺紫《ちくし》（筑紫）の大和《やまと》」と呼ばれるようになったのである。

以上のように、失われた大和のユダヤ王国の実態が明らかにされたのであるが、迂闊《うかつ》にも、私の検証不足によって、前著では「卑弥呼王朝」の存在を明らかにする史実＝邪馬壱国の〃考古学〃を看過していたことに気づいた。

そして新たに検証した結果、「海人史」とでもいうべき〃ノモ船長〃ふうの「世紀間を往来する国際人《コスモポリタン》」の実態が浮かび上がってきた。すなわち、卑弥国氏《ひみこし》（人名ではなく、古代国名）の洲鑑《しゅうかん》（氏族史）、いわゆる「フェニキア人国家の東洋史」の全貌が明らかになったのである。

〔卑弥国氏洲鑑の「委奴国《いど》」に続いて、「卑弥呼《ひみこ》王朝」の邪馬壱国《やまいい》も東遷した〕

三世紀初頭、筑紫・吉野ヶ里の委奴国は、秦始皇帝の後裔であるシメオン族・大国主命が支配する地であった。ところが、満州（遼東）→朝鮮（帯方郡）を経由して侵入してきた扶余伯族（イワレヒコ・神武伯族）との戦いに敗れてしまった。

そこで、急遽《きゅうきょ》、博多から乗船し、瀬戸内海を東遷して「秦王国」の先住民コロニーに参入した。この際の主導権争いで、大切な「委奴国の金印」が失われた（金印は江戸時代に、志賀島の田んぼから発見されている）。

それより以前、彼らは吉野ヶ里近くの鳥栖祭殿跡に真奈井《まない》神社（ガリラヤ湖の玉宮）を建立して祭祀していた。現在、それは伊勢神宮の豊受《とようけ》大神（ユダヤの神ヤーウェを祀る外宮《げぐう》祭神）として鎮座している。

また、その祭祀部族である杖刀人《じょうとうじん》（刀を杖のように用いていたエルサレムの士師族《ししぞく》）は、日本では陰陽師《おんみょうじ》や武士となり、薩摩隼人・白丁隼人、またはマガタンシ集団（幕末には西郷隆盛がその首領であった）となった。鹿児島の伊集院家や島津家、熊本の物部氏も同族である。彼らは、紀元前に「高句麗王朝」経由で渡来した一族で、そのうちの東漢氏《やまとのあやし》は日本の「秦王国」王家となった。

以上のような本当の歴史は、長い間、『記紀』中心の「皇国史観の歴史」、すなわち、

① 偽《いつわり》の「出雲神話」の数々

②偽《いつわり》の「天孫降臨」物語
③偽《いつわり》の「神武東征」物語
④偽《いつわり》の「卑弥呼＝神功皇后《じんぐうこうごう》」物語
⑤偽《いつわり》の日本武尊の「熊襲退治」および「蝦夷退治」物語
⑥偽《いつわり》の「邪馬台国」と、失われた「倭国」の歴史
⑦偽《いつわり》の「古墳時代」と、失われた「俀国《たい》」＝秦王国の歴史
⑧偽《いつわり》の「宇佐八幡宮史」と、失われた「伊勢神宮」の歴史

などによって覆い隠され、国民は騙《だま》され続けてきた。

考古学者や歴史学者を自称するアカデミー学者の多くは、「日本の歴史は少々おかしいのではないか」という疑問を抱きながらも、いまだに『記紀』中心の歴史に依拠している。

『記紀』は、奈良・平安時代の二重三重《にじゅうさんじゅう》の改竄《かいざん》だけでなく、鎌倉時代以降も時の権力者によって四重五重《よんじゅうごじゅう》に改竄されたため、とても判り難くなっている。

それを今回なんとか解明して、実在した「卑弥呼王朝」の全貌を明らかにし、彼ら公孫氏の王統が、神統上はもちろんのこと、血統的にも続いていることを証明した。すなわち、卑弥呼王朝（ユダヤ系ガド族津守氏の女《むすめ》宮子・藤原不比等の愛妻）の流れは、白村江後の奈良・平安時代を経て、中世→近世→近代→現代へと有為変転《ういへんてん》しながら続いており、皇統譜でも北朝系クシャトリアの中川宮（明治時代）の系統から、三笠宮（大正時代）→今上天皇（平成）の血

統へとつながっている。

しかも、それは失われた「古代史」でありながら、同時に「現代史」にもつながる「人類史」ともいうべき一面、この惑星人類の持つ宿命のようなものを持っているようだ。

『記紀』によって失われた「邪馬壱国」の歴史＝「卑弥呼王朝」の歴史を、本書によって読者が共に考察し直していただければ、筆者にとっては望外の幸せである。

「卑弥呼王朝」の全貌

目次

はじめに　1

第一部　「卑弥呼王朝」とは何だったのか　15

第一章　日本建国史——天皇制と歴史の偽造

邪馬壱国の「考古学」……16
邪馬壱国と秦王国を抹殺した藤原氏……20
「旧伊勢国」の移動と、ガド族・猿田彦らの亡命……22
猿田彦命による〝鉄鐸・銅鐸文化〟の拡散……24
『記紀』の中の「神武紀」……25
「狗邪韓国《くやかんこく》」と「狗奴国《くぬこく》」……26

狗奴国王長髄彦は、なぜ〝逆賊〟とされたのか……27
銕人《てつじん》と呼ばれた「倭人」のルーツを探る……28
倭人と蒙古族……30
南倭・北倭の「倭人」のルーツ……34
発見された「北倭人」の史書……36
時は流れ万物は流転する……40

第二章　卑弥呼―任那―馬子の系譜
天《あめ》の王朝＝扶余王仇台《きゅうだい》と、海《あま》の王朝＝公孫度《たく》の同盟

邪馬壱国の「西都原古墳群」……42
西都原古墳群・調査資料……45
『倭人興亡史』の〝卑弥呼王朝〟……55
「韓国史」とのテキスト・クリティク……62
高句麗王朝の「五加（五部族）」とは何か……63
饒速日尊一族の「大移動」……65
抹殺された「邪馬壱国」の〝卑弥呼王朝〟……66
神武天皇崩御の後、皇子たちが殺されかかった……70
卑弥呼は日向にいたが、三人の息子たちはソウル市にいた……72

神武東征（実は南征）により委奴国王・大国主命は殺された……73
ユダヤ系の女王卑弥呼を中心に邪馬壱国が建てられた……74
日本人は世界中のあらゆる人たちとつながっている……76

第三章　『契丹北倭記』の邪馬壱国と任那

『北倭記』の宗女壱与……79
任那の祭祀センターと「倭の大王」……82
『記紀』の天皇陵はすべて、ユダヤ系部族の陵墓である……88
東鯷国《とうていこく》が創始した「前方後円墳」文化……90
桃の種二千個、纒向遺跡に発見……93
「大化改新」の虚構……96

第四章　「蘇我馬子の系譜」とは何か

〝入鹿殺し事件〟は「新羅史」の〝毘曇《ひどん》の乱〟だった……98
『日本書紀』の多重構造（一）……108
『日本書紀』の多重構造（二）……116
天智天皇と藤原鎌足という「合成人格」の創作……121

第五章　「奈良大和」と「万世一系」の謎
「大和」という地名と「万世一系」の系譜づくり……124
藤原不比等の「藤氏家伝《とうしかでん》」……126
『紀』の「光仁即位」は「井上天皇」即位のことであった……127
光明天皇が見た〝真夏の夜の夢〟……129
「古代朝鮮史」と新羅王の『日本紀《にほんぎ》』……130
千代田城内大奥での「皇室秘史」……142
誤った歴史認識は「日中友好・日韓友好」の妨げとなる……145

第二部　新説・人類進化の歴史　151

第一章　人類の誕生
原人（ヒト）は七十万年前、アフリカで誕生した……152
旧人は二十万年前、スンダ亜大陸（旧インドネシア）で誕生した……153
新人（現代人類・クロマニヨン人など）たちの進化の流れ……154

旧人（ソロ人・ネアンデルタール人）が移動を開始した……158
新人の進化……159
エジプト人、プロト・マレー人、ネグリト人……160
ドラヴィダ人の「旧石器文化」……161
約二万年前、日本はユーラシア大陸の〝日本半島〟であった……162

第二章　日本人の誕生

日本半島へ旧人（ダーリ人）が渡来した……164
八ヶ岳における黒曜石の発見……165
旧人が発見した黒曜石で「新石器時代」が始まった……166
ワジャック人、ユダヤ人、オロッコ人、苗族、港川人の誕生……167
一万二千年前、突然「大洪水」が起こった……169
「ノアの方舟」とは何か……171
人類の救世主・バンチェン人……172
大洪水後、沖縄を経て鹿児島へ上陸した「港川人」……174
港川人らの「上野原・縄文文明」……175
大洪水後、日本列島へ北方からオロッコ人が渡来した……176
縄文人の登場……177

オロッコ人の「縄文文明」……180
列島火山の大噴火による「縄文遺跡」の埋没……181
三内丸山遺跡……181
日本の「縄文文明」と世界の海上交易……183
縄文人の優れた文化と海上交易……184
栄光の「縄文文明」……186
六本柱の「大型建物」……187
縄文時代のシャーマンと神代文字……188
八ヶ岳山麓の縄文土器文化と縄文農耕文化の繁栄……189
「餅鉄」で創られた日本刀のルーツ「舞草」とは何か……190
縄文時代における階級分化の芽生え……191
「歌垣文化」の起こり……192

第三章　弥生文化の普及

弥生文化の伝来と階級分化の起こり……195
東表国の成立と宇佐八幡宮……197
宇佐八幡宮の秘儀・放生会……198
弥生中期に生まれた「倭の百余国」……200

「大蛇退治」神話……202
牛頭天王（スサノオノミコト）の出雲王朝……204
縄文人と共存共栄した「弥生人」……205
秦始皇帝の「焚書坑儒」事件でガド族が渡来した……205

第四章　古代の世界文明とアジア

ナマヅガ文化とは何か……207
インダス文明との関連……212
インダス文明を建てた「サカ族」……216
バンチェン文明と「龍山文化」……218
バンチェンとシュメールの文化……221
西洋史学は「シュメール文明」に始まったのか？……224
アッカド人〝サルゴン王〟の登場……226
〝ハムラビ法典〟と「十戒」……227
古代フェニキア人の「十三《とさ》湖《みなと》（湊）」……229
縄文晩期、弥生時代以降の「オロッコ人」……230
荒吐族（アラト族）の「太陽信仰」……233
アッシリア人＝アラム人とは何か……236

天の王朝（扶余民族）と『倭人興亡史』……238
浥婁（オロチョン）……241
『記紀』のウソを『旧事本紀大成経』が暴いている……243

おわりに　246

第一部　「卑弥呼王朝」とは何だったのか

第一章　日本建国史――天皇制と歴史の偽造

邪馬壱国の「考古学」

　邪馬壱国の存在については、『後漢書《ごかんじょ》』倭伝《わでん》に、「安帝《あんてい》の永和《えいわ》元年（一〇七年）、倭面土《めんど》国王師升《ししょう》らが生口《せいこう》百六十人を献じた」と述べている箇所がある。

　また、『旧唐書《くとうじょ》』倭国日本国伝には、「日本はもとの倭奴国（※筆者注。これは正しくは委奴《いど》国。石原道博氏の誤訳によるミス）である。その王姓は阿毎《あめ》氏であり、一大率《そつ》をおいて諸国を監察し、みなこれに畏怖（付）する云々」とある。

　これについて、福岡市の飯盛遺跡を発掘した同市教育委員会は、紀元前後のこの地に弥生式国家があったことを示唆しているが、この国がどうやら「面土国《めんどこく》」（九州王朝）の一部であったらしい。

　そのことに関して、朝日新聞（一九八五・三・七付）は次のように述べている。

〔福岡市の飯森遺跡――かめ棺墓二二四基と木棺墓三基〕

福岡市教育委員会が発掘を進めている同市西区吉武の飯森遺跡で、かめ棺と木棺からなる大規模な墳墓群が六日までに確認された。年代的には弥生時代中期初頭とみられ、副葬品には権力の象徴である朝鮮製の銅鏡、銅矛、勾玉などが大量に見つかり、日本最古の「王墓」との見方が有力視されている。

発掘された墳墓群は、かめ棺墓二十四基と木棺三基で、同一方向に整然とした配置になっている。かめ棺は弥生時代前期末から中期初頭にかけての（朝鮮の）金海式様式で、うち大型の十一基については最大のもので合口《あわせぐち》一・八メートル、口径一メートルと、全国で出土した「棺」の中ではいずれも最大級。

また、木棺のうち一基から、副葬品としてはこれまでに別個に出土していた青銅鏡の多紐《たちゅう》細文鏡《さいもんきょう》一枚、銅矛一本、銅剣一本、銅戈《か》一本や勾玉、管玉《くだ》が一度に出土した。こうした副葬品の出土の仕方や、整然とした墳墓群の配列などから、同市教委は、「弥生時代中期初頭（紀元前後）にこの地方を統治した〝王〟が存在し、古代国家があった可能性もある」とみている。

九州北部では、「王墓」とみられる遺跡は福岡県前原《まえばる》市の三雲《みくも》遺跡、同県春日市の須玖岡本《すぐおかもと》遺跡、佐賀県唐津市の宇木汲田《うきくでん》遺跡がある。それぞれは、『魏志』倭人伝に記述されている「伊都《いと》国」「奴《ど》国」「末盧《まつろ》国」に該当するとみられる。

今回出土した飯森遺跡は、年代的にいずれの遺跡よりも百年ほどさかのぼるため、同市教委は、『魏志』倭人伝以前の文献である『前漢書』地理誌の中で、日本について記述されている「百余国」のうちの一国ではないか、とみている。

国家形成の前段か　〜西谷正《にしたにただし》・九大教授（考古学）の話〜

「今回のように、一つの墓から銅鏡、銅剣、勾玉がセットで大量に出土したのは全国でも初めてだ。ただ、古代国家の成立とみるかどうかについては、出土品がすべて朝鮮製で、『国』を裏付けるとされる前漢鏡やガラス片など中国からの移入品が見つかっていないことから、国家形成に至る前段とみるべきだろう。ただ、副葬品の質、量からみて、相当の有力者がいたことは間違いないと思う」（※筆者注。朝日新聞および西谷氏の話の中で、出土品の銅鏡・銅剣などを朝鮮製としているのは、従来の偽史史観によるものであり、事実は吉武遺跡の倭製であった）

☆　☆　☆

続いて、佐賀県の「吉野ヶ里」遺跡が発見されて大きな話題を呼んだが、これは既に詳しく報じられているから、ここでは同県鳥栖《とす》市の「柚比本村《ゆびほんむら》遺跡」について、読売新聞（一九九四・二・八付）を見てみよう。

祭殿？　弥生時代最大の建物群

――佐賀県の柚比本村遺跡は「吉野ヶ里遺跡」をしのぐ規模――

佐賀県教委は七日、同県鳥栖市の柚比本村遺跡から、同県教委が先に弥生時代最大と発表した「吉野ヶ里遺跡」以上の〝大型建物〟の存在が確認されたことを明らかにした。

特定の集団を埋葬したと思われるカメ棺墓や、おびただしい祭祀《さいし》土器を埋めた遺構などとセットになった形で出土したことから、県教委は〝祭殿跡〟ではないかと見て分析を急いでいる。大型建物は南北約十七メートルで、中央の巨大な棟持ち柱と周囲二十本余の柱で構成される。棟持ち柱の柱穴は縦三メートル、横一メートル（柱の推定直径は五十センチ程度）。周囲の柱の穴は縦横一メートル前後（推定直径二十五～三十センチ）で、約二メートル間隔に並び、全体は長方形になっている。

写真１　佐賀県鳥栖市の柚比本村造跡の大形建物跡

県教委の分析によると、柱に囲まれた建物内部の面積は吉野ヶ里遺跡のものより約十平方メートル、弥生時代中期初頭（紀元前二世紀）の大型建物として注目を集めた福岡県・吉武高木遺跡のものより約五十平方メートル広く、同時代では最大。

同遺跡では、大型建物跡の約三十メートル南東から約四十基のカメ棺墓が見つかり、特定集団の埋葬を物語る中細銅剣や青銅製の把《は》頭飾《とうしょく》（剣《つるぎ》の柄《え》飾《かざり》）などが出土した。さらに大型建物跡のすぐ西側などで祭祀土器を埋めた長円形の遺構（最長直径約三メートル、深さ一メートル）が五カ所見つかり、石製の矛（長さ十六センチ）も出土した。

大型建物とカメ棺墓域の間に約三十メートル四方の広場と思われる空間があることなどから、高島忠平・県文化財課長は、「建物と墓、広場が一体となった遺跡と見られ、建物は祭殿的な性格が考えられる。近くの〝安永田遺跡〟で青銅器の生産が行われており、この一帯が大きな都市的な性格を持つ地域であったと考えられる」と話している。

～西谷正・九州大教授（考古学）の話～

「規模の大きさに驚いている。柚比丘陵遺跡群内に吉野ヶ里遺跡に匹敵する大規模な拠点集落があったことを物語っている。最近、弥生時代の大型建物が次々と見つかっているが、今回の発見は弥生時代をより高度に技術が発達していた時代として見直すきっかけにもなろう」（前頁の写真1参照）。

☆　　☆　　☆

これら一連の相次ぐ「古代遺跡」の発見について、鹿島曻は『倭と日本建国史』（新国民社一九九七年版）の中で、次のように述べている。

邪馬壱国と秦王国を抹殺した藤原氏

のちの三世紀、高句麗王子・扶余王仇台（神倭《かむやまと》イワレヒコ＝神武）が九州糸島半島に渡来し、ユダヤ系の委奴国《いど》（倭奴国でなく委奴国が正しい）を滅ぼして「伊都国《いと》」を建て、帯方郡の一大率として即位すると、朝鮮半島および九州における「倭人系諸国」を統括する監察官となった。『記紀』はこれを「神武東征」物語としているのであるが、このとき、委奴国のユダヤ人たちは九州地方の領土を放棄し、その半世紀前に亡命東遷していった旧伊勢国遺民・猿田彦グループのあとを追って、一部は出雲方面へ、本隊は瀬戸内海を経て近畿地方へ移動した。ちなみに、このときの領土放棄が、後世の八世紀、時代をさかのぼらせていかにも本当らしく語られ、新羅王家語部《かたりべ》らの『古事記』および『日本書紀』に「猿田彦命の降伏」とか「大国主命の国譲り」などとして書かれた。

委奴国のユダヤ人たちは、近畿地方に移動してから秦氏系《はたし》（太秦系《うずまさ》織物加工業者）の技術集団も加わり、やがて〝強力な国家〟に成長して、その新国は「秦王国《しんおうこく》」と呼ばれるようになった。

秋田家秘蔵の『東日流外三郡誌《つがるそとさんぐんし》』には、「筑紫に猿田彦一族あり」と書いてあり、また『秀真伝《ほつまつたえ》』には、「われはイセ（旧伊勢国）の祖王・猿田彦」とあるから、このとき、『旧伊勢国』王・猿田彦命の子孫たちが、出雲地方（旧出雲大社の山陰地方）および国東半島の宇佐八幡宮（東表国の領域）から亡命して、志摩半島の伊勢神宮（元宮・伊雑宮《いぞうのみや》）に移動したことは間違いない。

そうなると、「古《いにしえ》の旧伊勢国を滅ぼした委奴国の人々が、三世紀初頭、九州から近畿地方に遷《わた》って秦王国または日本旧国を建てた」ということになる。言い換えれば、奇子朝鮮の韓氏と、秦韓（辰韓）の秦氏が人民を引き連れ、〝九州大和〟から〝奈良大和〟に遷って「秦王国」または「日本旧国」を建てたという本当の歴史があったのだ。

江戸前期の陽明学の大家、熊沢蕃山《くまざわばんざん》は、その著書の中で、「自分たちの先祖が中国系であることは貴重である」と自賛している。されば、秦王国の秦氏《はた》（秦帝国の後裔儒者たち）は、白村江後につくられた新「日本国」において、藤原氏（藤原四家）の中に流入して、のちの世までも政治権力を温存したのである。筆者の知人広橋興光《ひろはしおきみつ》氏（武家伝奏役の公卿出身）はもと藤原氏で清華家であるが、「藤原氏には中国系と朝鮮系があった。中国系の方が威張っていて、ウチは朝鮮系だから清華家なのだ」と語ったことがある。

☆　☆　☆

「旧伊勢国」の移動と、ガド族・猿田彦らの亡命

前著『検証！　捏造《ねつぞう》の日本史』（たま出版）で明らかにしたように、前七四年、「秦始皇帝の後裔」が渡来し、朝鮮半島および九州から本州に移動して「秦王国」を建てたが、その経緯は次のようであった。

一六三年、東表《とうびょう》国エビス王海部知男命《あまべしるおのみこと》は委奴国王・大国主命《おおくにぬしのみこと》と連合して、高句麗と同盟していたガド族系猿田彦の「筑紫伊勢国」を攻撃し、その太陽神殿（平原王墓遺跡）を破壊し

て、古墳内の超大型青銅鏡（被葬者の霊を祭る神鏡）をことごとく破砕した。

神聖な祭殿を壊され、旧伊勢国を奪われた猿田彦らは、二手に分かれて亡命移動。まず、一隊は日本海を北上して山陰地方に至り、同族ガド族の先遣隊であった鉄鐸《てつたく》・銅鐸《どうたく》文化の牛頭天王《ごずてんのう》のクニ「出雲王朝」へ参入した。

『神皇紀《じんのうき》』（別名『宮下文書』）は、作田毘古（猿田彦）命が〝猿の曲舞〟をしたとし、この人々のトーテムを猿として卑しめるが、これはユダヤ北朝系の作者が南朝系の人々を差別したものとも考えられる。「サルタヒコ」という言葉は、イスラエルの首都エルサレムの漢字表現であるが、南朝系と同盟したガド族リーダーを表すものとして「猿田彦」としたものであろう。

さて、猿田彦の本隊は、瀬戸内海を東遷して奈良盆地の先遣隊コロニーに参入したが、その後さらに、東表国＋委奴国連合の追跡の手を逃れて、紀州から志摩半島に至り、先住民の奈津三毛族（苗族）と融合して新しい「伊勢国（伊雑宮《いぞうのみや》）」を建てた。

ちなみに、出雲神話の「因幡ノ白兎」すなわち「鰐だまし神話」が生まれたのも、この時代の歴史をモチーフにして作られた『古代風土記』であった。

さらに、ツングース（アイヌ人）の叙事詩といわれる『ユーカラ』の中にも、これとよく似た「沼貝《ぬまかい》が所作《しょさ》しながら歌った神話」が残されている。

これらの神話はすべて、『旧約聖書』が記すモーゼの「海割れ神話」→古代インドの大叙事詩ラーマーヤナの「猿の橋神話」→マレー半島に残るソロモン王の「鰐だまし神話」などが、海人族公孫氏のユダヤ人亡命者によって伝播され、わが国の風土に合わせて脚色されたものと考えられる。

猿田彦命による〝鉄鐸・銅鐸文化〟の拡散

ところで、猿田彦命らによる〝鉄鐸・銅鐸文化〟は、国東半島の鍛鉄《たんてつ》文化とは異なり、新技術による大鏡などの金属鋳造《ちゅうぞう》文化で、九州に興って出雲に伝わり、さらに近畿地方へと広がっていった。このことは、鉄鐸・銅鐸の進化とその分布状況によって考古学的に確認できるのだが、これと猿田彦系ガド族の移動経路とは正確に対応している。つまり、猿田彦の一族は鉄鐸・銅鐸の〝金属鋳造文化〟を持って山陰地方から近畿地方へと移動し、ついに新伊勢国（伊勢大神宮の勢力圏）を今日の三重県の地にうち建てたのである。

ちなみに、旧伊勢国の日代宮（太陽神殿）を糸島半島につくった猿田彦は二代目であり、高句麗と同盟して秦人系大国主命や東表国と戦って敗れ、出雲に亡命したのは五代目である。また、近畿地方に伊勢国（伊勢神宮）をうち建てたのは六代目であり、この嫡流は七代目以降も続いているようだ。

今日、猿田彦大神が祀られているのは〝伊勢一の宮〟と呼ばれる「椿大神社」であり、現在の宮司は九十七代目にあたるという。また奈良大和「三輪大神」の後裔・大田田根子命撰述という『秀真伝』の原写本が発見されたのは、椿大神社・奥の院の裏にあたる滋賀県・琵琶湖畔の「水尾《みお》神社」であった。

『記紀』の中の「神武紀」

『古語拾遺《こごじゅうい》』には、以下のように記されている。

「神武天皇は、東征の年に及んで大伴氏の遠祖日臣命《ひのおみのみこと》を督将にし、凶渠《きょうきょ》を剪除《せんじょ》する命《みこと》を佐《たす》けたる（日臣命《ひのおみのみこと》の）勲《いさお》は比肩するもの有ること無し。物部氏の遠祖饒速日命《にぎはやひのみこと》、虜《あだ》を殺し衆《しゅう》を帥《ひき》いて官軍に帰順する。忠誠の功、殊に褒寵《ほうちょう》を蒙る」

また、『日本書紀』には以下のように記されている。

「このとき大伴氏の遠祖日臣命《ひのおみのみこと》、大来目《おおくるめ》を帥《ひき》い元戎《もとえびす》（征伐）に督将として働く。是を以って汝が名を改め道臣《みちのおみ》とする」

これらの書をみればわかるように、大物主王家の道臣命《みちのおみのみこと》日臣命《ひのおみのみこと》が大伴氏の祖であり、その軍隊は来目部《くめべ》、すなわちタイ・ベトナム地域のクメール族であった。ということは、公孫度《たく》＝大物主命の子・康《こう》（事代主命のモデル）が道臣命であり、彼が率いてきた軍団が来目部であり、また、その子孫が大伴氏であったことがわかる。

ちなみに、この系譜は百済王敬福《きょうふく》を経て「南朝系天皇家」へと続いていく。また、『記紀』の「神武紀」には、高句麗軍が糸島半島に橋頭堡を築いたあと、「神倭イワレヒコ（神武）が日向《ひなた》（博多湾）から舟師を以って東征し、行きて筑紫国の菟狭《うさ》に至る。ときに菟狭《うさ》国造《くにのみやつこ》の祖あり。号して菟狭津彦《うさつひこ》・菟狭津媛《うさつひめ》という。すなわち、菟狭の川上にして一柱騰宮《あしひとつあがりのみや》をつくり、饗奉《みあえたてまつ》る」と記されている。

神武が委奴《いど》国（吉野ヶ里）を奪ったあと、伊都国から東方に進んで東表国との間に激しい戦いがあったが、『記紀』はそれらを省略し、ひとまず和睦休戦して阿蘇路へ転戦したその後の〝結果〟だけを記したと思われるのである。

「狗邪韓国《くやかんこく》」と「狗奴国《くぬこく》」

桓武天皇によって百済人の王朝が成立したとき、彼らは朝鮮半島や列島各地で東表国（弥生式稲作民の国々）と戦った歴史を全部抹殺した。そのため、「倭の大乱」の記事は『記紀』にはほとんど書かれていない。だが、『蘇我物語』妙本寺本や『東日流外三郡誌』などをみれば、次のような歴史があったことがわかる。

古墳時代初期（一～三世紀）、神武・卑弥呼の邪馬壱国とは別に、倭人系諸国最大の国家として、北九州豊国の地に狗邪韓国《くやかんこく》があった。これが『契丹北倭記《きったんほくわき》』のいう東表国《とうびょうこく》であるが、弁辰地域の駕洛《から》国（釜山の狗邪《くや》国・金官加羅《きんかんから》）はその飛び地であった。

金官加羅の王姓は金氏で、四世紀に建てられた慶州の金姓国家・新羅王家はその分派である。

また、別に沖縄を中心として狗奴人《くぬじん》の国（涓奴部《けんぬぶ》コロニー）があり、しばしば女王卑弥呼の邪馬壱国と争った。これが長髄彦《ながすねひこ》の狗奴国《くぬこく》で、のちに狗奴人の熊襲《くまそ》族は辰韓（秦韓）の地に移動して新羅の朴氏になった。後世、華北中原に「遼《りょう》」を建国した「契丹国」の王妃族 蕭《しょう》氏も、同じく朴氏である。

狗奴国王長髄彦は、なぜ〝逆賊〟とされたのか

『秀真伝』には、「ニギハヤヒ、わが長髄《ながすね》が、生まれつき、天地判らぬ、かたくなを、きりて諸《もろ》ひき、まつろえば」とある。この「きりて」は「斬りて」ではなく、絶縁したことを意味しているが、これを誤解したために『記紀』の筋書きとなったのであろう。『記紀』が作られた八世紀の時代には、長髄彦の末裔である朴氏諸族は失脚していたから、「新羅史」の修史（新羅史も改竄だらけの修史本なのだが）の途中で、不当に〝逆賊〟とされたものであろう。

駕洛《から》国王安日彦《あびひこ》と狗奴国王長髄彦は義兄弟であり、彼ら南倭人《なんわじん》たちが神武らの北倭人《ほくわじん》軍団と激しく争い、神武の死後、卑弥呼王朝の時代になっても、長髄彦は津軽へ亡命して邪馬壱国と戦い続けたという。特に中国との交易基地「種子島《たねがしま》」をめぐる攻防は熾烈を極めたというから、邪馬壱国の女王卑弥呼はさぞかし心痛したことであろう。

『魏志』倭人伝によれば、女王卑弥呼は狗奴国との戦いのうちに死に、次いで、その宗女壱与《いよ》が即位したという。狗奴国の王は長髄彦であるが、長髄彦とは新羅朴氏の祖・大等南解次々雄《なんかいじじゆう》

のことで、沖縄に多い中曽根という姓はこの子孫である。

銕人《てつじん》と呼ばれた「倭人」のルーツを探る

従来の『魏志』倭人伝などに頼るだけの「倭人観」は、果たして正しかったのであろうか。これについては、前著『検証！　捏造《ねつぞう》の日本史』を引用すると、次のようになる。

◆日本人の先祖はいったいどこからやって来たのか

こんな基本的な問題に、日本の歴史学者は正確に答えることができない。もちろん、公式的には、『記紀』本位の皇国史観によって、「日本人は日本列島だけのもので、それ以外の地に日本人の先祖なんかいたはずはない」と言うであろう。そうなると、一万五千年以上も続いた新石器文化（黒曜石を活用した新石器時代）の縄文人が日本人の先祖ということになるのだが、それでは、続く弥生時代の「倭人」の伝来を何と説明するのであろうか。

『記紀』には天皇家や倭人が外国から侵入したとは書いてないので、『記紀』を史書として信奉する以上、学者としては口裏合わせをしなければならない。もし倭人もしくは日本人が外来者であれば、天皇家も外来者または侵略者ということになって、文部省監督下の歴史学者はこれをどう説明してよいか、立場を失うのである。

かくの如く、『記紀』は天皇家や倭人が海外から侵入したことを書いてないから、正しくは、史書などとは言いがたいものであるが、『記紀』を絶対的な史料として、朝鮮からやって来た天皇家が始めから日本に存在したとする限り、この問題は回答不可能なのである。この問題に正しく解答するためには、天皇家が朝鮮から渡来した人々であり、『記紀』は新羅系朝鮮人がつくった偽造文書であって、古代日本の歴史書ではないことを立証しなければならない。『魏志』倭人伝に書かれた「倭人」たちが、三世紀頃の朝鮮の南部と九州に倭人国家をつくっていたことは中国の史料にも書いてあって疑う余地はないのだが、歴史学者も現代の日本人も、漫然とこの「倭人」を自分たちの祖先と考えている。

さらに、「明治憲法」＝「伊藤憲法」の弾圧のもとで、

（イ）倭人は日本列島自生の民族であり、縄文人の子孫である。

（ロ）つまり、「海外からの外来者や侵入者ではない」として、

（ハ）すべての学問的な研究を排除して、ア・プリオリに強弁していた。

しかし、そんなことは学問上とても成立し得ない暴論で、七福人の「弥生人」も鋳造技術の「古墳人」も、共に海外からの侵略者＝新文明を伝える「天孫民族」であった。

『契丹北倭記』によれば、縄文後期にはアラビアとインドの移民が南倭人とともに九州北東部に侵入し、「東表国」を建てていた。これがのちに釜山の「金官加羅国」になるのだが、してみると、倭人が外来者であり、天皇家が朝鮮から亡命もしくは逃亡してきたことを主張しない史論は、学問上は何の価値もないということになる。

かつて銕人《てつじん》と呼ばれていた倭人＝弥生人というのは、約三千五百年前、国東半島重藤《しげふじ》（大分

空港の近く）に渡来した〝七福人〟の製鉄族であり、加えて南越から渡来したバンチェン人（シュメール人・苗族）＝「南倭人《なんわじん》」移民団の総称である。

また、約二千年前からの古墳人というのは、奇子朝鮮、扶余、百済、新羅などの朝鮮半島の国々を遍歴してきた高句麗系の「北倭人《ほくわじん》」移民団であった。

倭人と蒙古族

さて、古墳人の主流を成す「北倭《ほくわ》」、すなわち「邪馬壱国人《やまいこくじん》」の直接の先祖は、もとは中国の東北部（満州）に住んでいた。それが朝鮮半島を経由してやって来たという史実は、次のことからも裏づけられる。

例えば、図1は、尾本恵一郎がつくった「耳あかのドライとウエットの分布」を示すものであるが、図の円内の黒いところがウエットの、白いところがドライの頻度である。両者の比率は日本人とモンゴル人がほぼ一致しており、朝鮮人はむしろ北中国に近い。

よく見ると、北中国人、朝鮮人、ツングース（アイヌ人）は段階的に比率が移動して、いわば一本のベルトの流れのように見えるが、その両側には日本人と蒙古人というほぼ同じ比率の民族がいる。

外蒙古や内蒙古へ行った日本人のボランティアが、蒙古人から、「日本人はもともと蒙古人から分かれた民族だ。あなたは祖先の地に帰ってきたのだ」と言われて驚いたという。

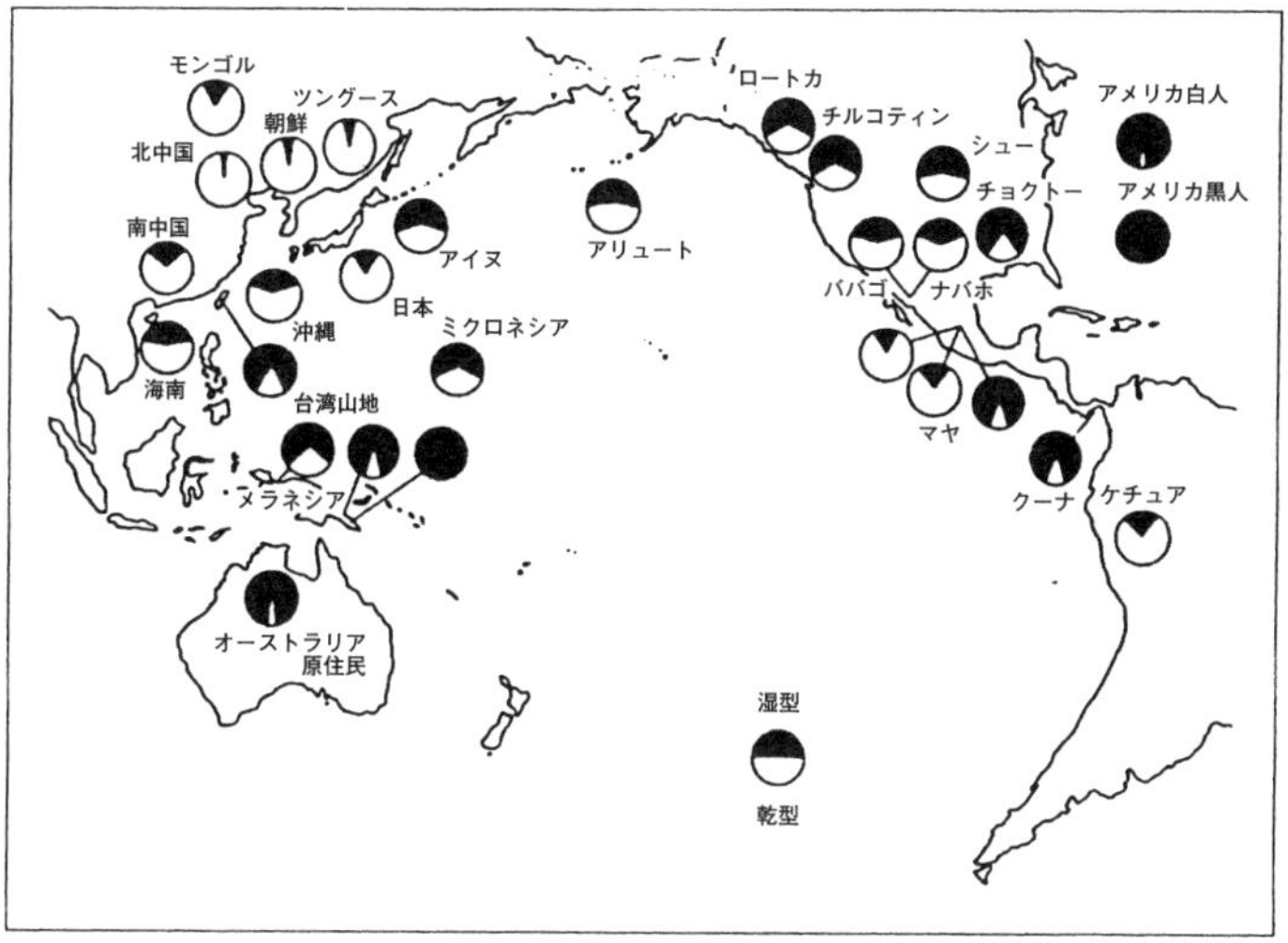

図１　耳あか型の分布

こういう発言を真摯に受け止めること、それが学者の〝良心〟というものではないか。言語は大量の混血によって全面的に変化することがあるから、あまり〝ルーツ探し〟のあてにはならないが、『契丹北倭記』の記すように、「日本人の先祖は倭人だ」と言われているし、モンゴル人の先祖は室《しつ》韋《い》の一部族である「蒙瓦《もうわ》室韋」であった。であれば、蒙瓦室韋は倭人、正確には北倭《ほくわ》人《じん》であったことになる。モンゴル（蒙古）人といっても、ジンギス汗が彼らを率いて中原に進出する以前は、契丹に従属した室韋、その室韋のなかの一小部族である「蒙瓦室韋」にすぎなかった。ジンギス汗が酋長だった頃は、「蒙瓦室韋の中のキャト族」という、史書に名前すら見えない小部族であったという。小谷部全一朗は、このキャト族が日本の京都族のことだから、

『成吉思汗《ジンギスカン》は源義経だった』（富山書房）と主張したのである。もちろん、この仮説はのちに誤りと判り、否定されているが。

さて、「室」の義はシルカ河（遼河の大支流室建河《シルカ》）のことだから、室韋は「シルカ河の韋《い》」とも読めるであろう。『苗荒小紀《びょうこうしょうき》』によれば、「苗族のうちに韋《い》という姓がある」というのだが、これが室韋の名になったのかもしれない。また「蒙瓦」という部族名のうち、「蒙」が苗族の自称であるモンを表し、「蒙瓦」はこのモンと雲南の瓦《わ》族を意味する瓦《わ》族（倭人の別派）との混血を示す。ということは、この人々は瓦族《わぞく》と苗族《みゃおぞく》の混血であり、「蒙瓦」は満州にいた北倭系の混血部族だったことになるであろう。

しかし、雲南にいる瓦族《わぞく》の仲間には喇《ラ》または璞喇《ボクラ》という部族があり、『雲南通志』巻一八三は以下のように述べる。

「璞喇は一名僕臘《ぼくろう》という、古《いにしえ》の蒲那《がまな》にして九黎《きゅうれい》の苗裔《びょうえい》なり。雲南の南詔《なんしょう》（盛唐時代の大理国《ダーリ》）の蒙民は尋甸部《じんじゅんぶ》と称し、至元《しげん》の初めに圓付《えんぷ》す。いまの臨安、広南、元江の四府にこの種あり」

この「蒙民」が「室韋蒙瓦部」になったとすれば、それは苗族のモンとは関係なく、単純に瓦（倭）族の一派ということになろう。ちなみに、現在中国で、大理市周辺において少数民族と呼ばれている人々は、その風貌・風俗が日本人に酷似している。

『旧唐書《くとうじょ》』室韋伝は、「（室建河）その河原《かわら》（＝沢《さわ》・渓流の意）は突厥《とっけつ》の東北界の倶輪《くりん》に出で《い》、屈曲して東流し、西室韋《にししつい》の界を経、また東して大室韋《だいしつい》の界を経、また東して蒙兀室韋《もうこつしつい》の北を経、沮室韋《そしつい》の南に落ちる。また東流して那珂勿汗河《なかもかんがわ》に合す」と述べる。

『新唐書』室韋伝は、「北に大山（興安嶺山脈）あり。山外は大室韋といい、室建河より瀕《ひん》す。河は倶倫に出でて迤《い》して東す。河南に蒙瓦部《もうわぶ》あり。その北は落坦部《らくたんぶ》なり。水東は那河《なか》、勿汗河《もかんがわ》と合し、また東は黒水靺鞨《こくすいまっかつ》（黒竜江流域の東夷の地）を貫く」と述べる。

『北史』倭伝には、「其の御鉄無くして、高麗（高句麗）より取給す」とあるが、これは誤伝で、倭人は元来製鉄部族であったらしく、『遼史』巻六〇・食貨志は、「太祖より始めて北倭の室韋を併《あわ》す。其の地、銅、鉄、金、銀を産し、其の人よく銅、鉄器をつくる」と述べ、また王曾『行程録』は「(遼が）河淮の沙石を就《と》り、練って鉄を得る」と述べる。

白鳥庫吉は、自著『室韋考』の中で、「興安嶺の西、アルグン河の流域に関するヨーロッパ人の旅行記に、鉱業遺跡の記述があるのは、銅鉄の利用に長じていた室韋のものである」と述べている。これに対して、契丹の故地では鉱山の遺跡らしきものはない。

さて、『北史』九十四巻は、「深末坦室韋《しんまつたんしつい》は、水に因《よ》りて号とする」と述べている。川の名を姓名とすることはわが国の山窩《さんか》にも同じ風俗があり、山窩のボスたちは、隅田一郎とか、利根川一郎とか、石川清などとか自称していた。これらのルーツを尋ねると、川の名を族名とするボルネオのダワヤク族を経由して、同じ風俗を持つアッサムのボド族に至る。

アッサムのボド族とは、インド十六国時代のマガダ国系製鉄族である。その流れを汲む東表国の「倭人」は古くから「銕人《てつじん》」と呼ばれており、同じ九州・熊本地方に始まる山窩族も古来倭人の仲間であった。

室韋が製鉄に関係があり、その深末坦室韋に山窩の風俗があるとすると、この室韋もまた倭人の分派の「北倭」だったことになる。

南倭・北倭の「倭人」のルーツ

中国・秦帝国時代の〝世界地理志〟『山海経《せんがいきょう》』海内北経《かいだいほっきょう》には、「蓋国在鉅燕。南倭北倭属燕。朝鮮在列陽東。海北山南列陽属燕」と書かれている。

江戸時代の〝儒学者〟たちは、これを「蓋国《がいこく》は鉅燕《きょえん》に在り。南倭《なんわ》と北倭《ほくわ》は燕《えん》に属《ぞく》す云々」と正しく読んでいたのに、明治時代の御用学者が、「北倭」という民族があったのでは『記紀』の〝皇国史観〟を国民に普及する立場上困るとして、「蓋国は鉅燕の南、倭の北に在り。倭は燕に属す云々」と、おかしな文章に読み換えて学生たちに教え始めた。漢文はふりがながないから、こんなことをすれば、意味はがらりと変わるのである。『明治憲法』(実は「伊藤憲法」)を信奉する〝御用学者〟は、日本帝国主義によって朝鮮や満州を侵略するにあたってその地に倭人の仲間がいては何かと不都合だと考えたのであろう。

ところで、『契丹北倭記』第三十一章は、「これより先、宛の徐、海を済《わた》り、船臻《せんしん》し、殷《いん》に倚《よ》り、宛灘《えな》に居り、地を闢《ひら》くこと数百里、弦牟達《げんむたつ》に築きて昆莫《こまき》城と称し、国を徐珂殷《じょかいん》と号す。徐珂殷はのちに扶余に合した」と述べている。が、ここにいう殷は辰迂殷《しんういん》で奇子朝鮮のこと、宛灘は塔子珂《とうしが》、弦牟達は摩天嶺《まてんれい》である。したがって、『山海経』海内北経の蓋国はこの徐珂殷のことで中国史の濊国《かいこく》と同じであり、「蓋国は鉅燕に在り」というのと、「徐珂殷は殷に倚《よ》る」というのは全く同じなのである。だから、『契丹北倭記』に拠って考えても、「蓋国は鉅燕の南に在り」という読み方が誤りであることは明白である。

以上のような次第で、倭人の中には南倭人と北倭人があったのだ。この「蓋《がい》国」は、中国史の「濊国」と同じく、華北の趙《ちょう》国（別名大夫餘《だいふよ》）から移動して来た北扶余《きたふよ》後期王朝の「扶《ふ》余《よ》」であった。しかし、日本の学者は『山海経』は史料的価値が低いとして、あえてこの問題に正面から取り組もうとしない。

その理由は、「北倭」の存在を認めて「倭人」を外来者とすると、アラヒトガミの天皇も外来者、神道の神々も外来神ということになって、天皇教の信者も宗教家の多くも精神的拠り処を失うからであろう。すなわち、幕末の儒者平田篤胤《ひらたあつたね》以来、観念的に主張され、明治憲法が創作して、天皇、したがって理論的にはその民である日本民族をも神聖とし、近隣諸国、ことに中国と朝鮮の人々を蛮民とした、かつての日本民族の差別的アイデンティティーが一挙に崩壊してしまうからである。

そういう意味では、歴史学者といい、考古学者といっても、彼らの恩師にあたる人々は明治憲法を絶対視して、各自が研究室の伝統を守り、〝生活の保障を受けていた〟という人間的な弱みから、「倭人」が日本列島自生の民族である、という反学問的な「差別幻想」にしがみつくような〝生き方〟しかできなかったのである。

従来の「明治憲法」の下で、帝国主義を正当化するために他の東洋民族を差別してきた、その歴史の名残が、戦後の「平和憲法」下でも今なお根強く残っているとすれば、それは「東洋平和」さらには「世界平和」のためにも大変危険である。従来のデタラメな歴史にもとづいたアイデンティティーなんぞは、一日も早く崩壊した方がよいのだ。

発見された「北倭人」の史書

契丹民族の英雄・耶律阿保機《やりつあおき》は、契丹八部の一つである迭剌部《てつしぶ》の霞瀬凡《かせぼん》という下部組織に生まれ、九一六年、漢人の助力をえて契丹諸族を統一し、さらに庫莫奚《こまき》、室韋《しつい》を合併して満州（東北）に契丹王国を建てて太祖と称した。

天顕《てんけん》元年（九二六年）、太祖は渤海国《ぼっかい》（大震国《だいしん》）を滅ぼして渤海国を東丹国《とうたん》と改め、長子突欲《とつよく》をその国王に、耶律羽之《やりつうし》をその中台省右次相に任命した。

九四六年、さらに後晋《ごしん》を滅ぼして契丹の国名を「遼《りょう》」と定めた。

遼は、一一二五年、「金《きん》」の太祖に滅ぼされるまで九代＝二百十八年続いたが、滅亡の前年である一一二四年、遼の太祖八世の孫にあたる耶律大石《やりつおおいし》がキルギスを経て西走した。一一三二年、チュー河畔のベラクサンにあったイリクサン朝を奪って葛兒汗（グルカン）と称した。

中国の史家は、大石を西遼の徳宗と呼び、イスラムの史家はこの国をカラ・キタイ（黒契丹）

と呼んでいる。

一二〇八年、室韋蒙瓦部から英雄ジンギス汗が現れて建国したため、ナイマン部のターヤン汗の王子クチュルクは西遼に亡命した。王子は一二一一年、偽計をもって西遼国を奪い、西遼は三代＝八十年にして滅んだ。


話は戻って、東丹国の「物語」である。

右次相・耶律羽之は、東丹国において、旧渤海国の史官を動員して修史を試み、その結果四十六章から成る史書を完成させたが、この貴重な古文書は世に顕《あら》われず、久しく埋《う》もれて識《し》られなかった。

この契丹文書を発見して世に出したのは、陸軍経理将校浜名寛祐《はまなかんすけ》らである。浜名は日露戦争のとき奉天（今の瀋陽）郊外のラマ寺でこの文書を発見し、のちに自ら解読し、この文書が倭人、満州人（または蒙古人）、朝鮮人が同祖である事実を記すと知って、大正十五年（一九二六年）、『日韓正宗遡源《せいそうそげん》』を発表するに至った。

浜名はこの研究をライフワークとして二十年に及ぶ研究を続けたのであるが、伊藤博文らが孝明天皇を暗殺したのち、その天皇家を自らの伊藤憲法によって「神聖不可侵」と強弁していた明治体制のもとで、天皇家と倭人が海外から渡来した史実を認めることを許されない歴史学者たちは、ことさらに浜名の研究を無視せざるをえなかった。

彼が陸軍経理将校であったことや、かつてシベリア視察のとき、ロシア軍に抑留されて処刑されるところを一韓国人の身代わりによって救われた事実などが解読内容に影響したと考える者もいたらしく、偽史シンジケートの幹部であった金田一京助は、浜名の仕事を「素人の余技」とまで酷評した。

ちなみに、金田一京助はその著『アイヌ史』を通じて、ほぼ正確な史観を構成できたはずであったが、「アイヌ史」をことさらに官撰の六国史《りっこくし》に従属させ、さらに「小樽手宮の絵文字」を神主の偽作と強弁した。のちにフゴッペの絵文字が発見されるや、その立場に窮した人物だが、これ一つとってみても、「素人」とは、まさに金田一教授自身がそうだったのではないか。

さて、浜名の『日韓正宗遡源《せいそうそげん》』では、契丹文を漢字によって記録するという、万葉集と同一の様式をとっている。契丹に限らず、このことは日朝（日韓）間に広く行われたことであって、契丹と同じころ建国し、のちに契丹に従属した高麗も、十五世紀のハングル成立以前は、同様な目的で漢字を使用し、これを吏読（リト＝吏吐・吏道とも書く）と称して、古代の金石文や歌謡などに使っていたのである。

言語学者の籏田山巍《はただざんぎ》は、「日本の万葉仮名は吏読の模倣と思われる。吏読は漢文と並んで後代まで使われ、朝鮮文字（ハングル）が出来たのちも、公文書《こうぶんしょ》をはじめ、相当広く使われていた」と述べている。

このように困難な状況のもとで、浜名はさらに契丹語が日本語と類似していることに気づき、吏読方式の契丹文をほぼ完全に訓読して後学のために残した。今日われわれが本書を研究できることは、まさに浜名の労による。

『日韓正宗遡源《せいそうそげん》』の特徴は、多くの引用文献をそのまま写していることで、具体的には以下のとおりである。

（一）『邪摩駘記《ヤマトき》』――著者は渤海の塢須弗《うすぶつ》
（二）『氏質都礼《ししとれい》』――風俗史であろうか
（三）『汗美須銍』――神祖「紀」の意である
（四）『西征頌疏《せいせいしょうそ》』
（五）『秘府録《ひふろく》』
（六）『神統志《じんとうし》』――『旧約聖書』の内容に似ている
（七）『賁弥国氏《ひみこし》州鑑《しゅうかん》（賛）』――フェニキア諸族前史の意である
（八）『辰殷大記《しんいんたいき》』――奇子朝鮮史の意である
（九）『洲鮮記《しゅうせんき》』――フェニキア諸族新史の意である

『日韓正宗遡源《せいそうそげん》』の内容を総合すると、日本に伝わった〝弥生文明〟が日本→朝鮮→満州→中国へと次々に伝えられたが、そのプロセスはユダヤ人ら「タルシシ船」の歴史であって、『北倭紀』のいう東表国の歴史＝すなわち「倭人興亡史」であった。

また、「賁弥国氏《ヒミコシ》」の「国」はクニでなく、第二十八章の「督坑賁国密矩《トコヒコミト》」と同じく表音で、通じてフェニキア人ということになり、「卑弥呼」と賁弥国は同じ意味らしいのである。となると、卑弥呼、貴弥氏、貴弥国氏はすべて同じ意味だと考えられるのである。

「遼」の太祖阿保機の「応天太后《おうてんたいこう》」は、諸々の学者を集めて次のように言った。

「太祖は、『先王カウト可汗の王名は神器たる甲《カブト》に拠るものであり、可汗とは神鏡に拠る』と遺訓された。誰かよく王家の源流を調べて、宗家と支族を判別してくれないか」

学者は伏して答えた。

「はるか時代が隔たり、発音も改まっているため、すみやかに古書の解明ができないのであります」

すると、太后が言った。

「それでは霊能ある琴を奏でて、神意を求めよう」

そして琴の演奏のため、楽士に命じて譜を作らせた。楽士が奏でる音楽は渺々《びょうびょう》として厳《おごそ》か、まさに神韻《しんいん》であった。

ここに、臣耶律羽之《やりつうし》は起立して謹んで録取し、「世界の海を往来する貴弥国氏《ひみこし》・炎帝《えんてい》の後裔たる和霊《われい》王・巫女の『洲鑑（東洋史）』として本章に記した」と述べた。

時は流れ万物は流転する

かつて一世を風靡したあのロマンティックな予言者、カール・マルクスも言ったように、「時は流れて万物は流転する」。

第二次世界大戦の結果、カミカゼ国家、アラヒトガミ国家という「幼稚なレーシズム」による国家絶対主義は敗北してしまい、また英米をはじめとして、古典的な帝国主義も成り立たなくなった。かくして、単一民族の独自文化が、グローバルな人類に差別的作用をもたらすことを〝悪とする〟に至った。日本人にとっても民族主義の時代は終わったのである。

良かれ悪しかれ、われわれはアメリカや中国のような、抽象的なイデオロギーによって統一された多民族国家という異質の文化と共存しなければならなくなった。かくして、今や倭人が外来者であり、日本民族が複合民族であり、天皇家が朝鮮からの逃亡者であったという〝歴史的事実〟を承認すべき条件は整ったといえるのではないか。

この際、宮内庁指定の「天皇陵」とされている〝前方後円墳〟もすべて再調査して、本当の『日本歴史』を再構築し、輝かしい未来に向かって進む「時」が来たようだ。


さて、建国当時のアメリカ人が、差別によって黒人奴隷を虐待しながら国家を統一したように、どの国家も文明も、まず差別の精神によってつくられた。

『魏志』倭人伝に拠って三世紀の卑弥呼の時代を考えると、それは奴隷制の社会で、そこには白丁隼人《はくちょうはやと》、穢多《えた》へと続く後世カーストの原型があったと考えられる。

そこで次章では、「倭人伝」に出てくる〝卑弥呼の殉葬〟に関連する、古墳時代に築造された「大円墳」遺跡のことから説き起こすとしよう。

第二章　卑弥呼―任那―馬子の系譜

天《あめ》の王朝＝扶余王仇台《きゅうだい》と、海《あま》の王朝＝公孫度《たく》の同盟

邪馬壱国の「西都原古墳群」

宮崎大学考古学資料室発行の『西都原《さいとばる》古墳群・研究資料』の中で、進歩的考古学者の田中稔隆氏は次のように述べている。

従来未知であった謎の古代遺跡を「特別史跡公園」として、昭和四十年に西都原古墳群として国定したことは、わが国最初の試みであった。ここには、前方後円墳・方形墳等、昭和九年に文部省が史跡として指定したもの二百八十二基。その後調査により判明したもの四十五基を加えて合計三百二十七基の〝高塚墳墓〟が群在する（加えて、地下遺壙《いこう》も発見されている）。このような宮崎県児湯郡西都原《さいとばる》（現西都市）一帯は、九州山脈山麓に展開する、東西二千六百

メートル南北四千二百メートルの、洪積層台地の大遺跡である。

〔発掘調査の経緯〕

その一

明治四十五年（一九一二年）、宮崎県知事有吉忠一氏は、明治政府宮内省の許可を得て大遺跡の調査を計画し、次の如く進めた。

調査は、大正元年（一九一二年）十二月〜大正二年一月に及び、東京帝大教授〜坂口昂・喜田貞吉・浜田耕作の諸氏、宮内省御用掛〜増田于信氏、帝国博物館〜関保之助氏等により調査が実施され、その報告書は、『宮崎県児湯郡西都原古墳調査報告書（一）』として、大正四年三月宮崎県によって第一冊分が発行された。

その二

大正二年五月鳥居龍蔵氏（東京帝大）の調査報告・大正三年八月小川琢治氏（東京帝大）の概報・大正四年七月原田淑人氏（東京帝大）柴田常恵氏（前同）の報告・大正五年一月内藤虎次郎氏・今西龍氏（京都帝大）の報告を一括して、第一冊分報告書の再版本に含め、併せて、大正六年三月「宮崎県史跡調査報告書」として第二冊目を刊行した。

而して昭和九年、文部省は二百八十二基を史跡として指定し、その後調査を進め、正確なもの四十五基を加えて三百二十七基を保つに至ったことは前述した。

その三

昭和十一年、浜田耕作氏のもと、原田仁氏の実測調査の成果と御陵墓参考地の実測図御允許（天皇家許可）を併せ掲げて、昭和十五年十一月『日本古文化研究所報告第十』が西都原古墳の調査の副題をつけ、黒板勝美氏の序文により刊行をみたのである。

これは実は、有吉知事の政策を引き継いだ、長谷川透知事の要請によるものであった。その後出土した、古墳の明らかでない遺物についての解説とか、あるいは古墳成立の年代等についても、分散的に諸書に意見の開陳が行われている。かかる調査報告の労作については、第一冊分報告書の中に有吉知事の論告が載せられていて、「当初、西都原古墳群の発掘調査が如何なる意図のもとに行われたか」を確認することができるので、（後世の研究家・有識者のため）その一部を抜粋してみよう。

〔有吉知事の告諭〕（発掘開始〔二十五日〕直前に行われた官選知事の告諭）

皇祖御発祥の地たる、我が宮崎県の隠れたる大切な史蹟を顕彰して遍《あまね》く天下に紹介し、同時に丁重な保存の方法を講じて、之を永遠不朽に伝えんとする。以って後世の子孫に報本の大義を教え、また学問的研究上の資料として、斯道の推進に多少の貢献をなさんがための、誠に大切な貴重な仕事である（以下省略）。

それには史蹟の紹介と保存に加えて、倭人の子孫に対する〝報本大義の教育〟および学術的資料の提示による学界貢献等のねらいがあった。

しかるに、発行された叙上の報告書は、役所もしくは研究所における限定出版であり、古く私蔵あるいは死蔵されているため、研究者の手許には充分普及されないまま、現時考古学界隆盛の中で検証されることもなく、良心的に批判・考証される機会に恵まれていない。

今や、古墳の研究も全国的に進展し、前段階墳墓に対する見解と、それらの様式等すなわち高塚古墳の始まりに対する学界の認識も、新しい遺跡の調査に伴って深められつつある機運に際して、筆者（田中稔隆氏）は西都原古墳群に関して再検討すべき点の多々あることを思い、ここに資料を整理して〝有識者に遺託する〟急務（学的任務）を痛感したのである。

西都原古墳群・調査資料

第一群〜第四群の内容は、本稿主旨との関係が少ないため、省略する。

第五群

男狭穂《おさほ》塚、女狭穂《めさほ》塚の大規模な前方後円墳二基を有して、西都原古墳群中特筆されるべき一群である（※松重注。実はこの古墳こそ、卑弥呼と壱与の御陵だったのである）。

男狭穂塚《おさほづか》　（一万四千九百平方メートル）前方後円墳

地籍　児湯郡西都市大字三宅字丸山

方位　東南に前方部を向け偏南十五度

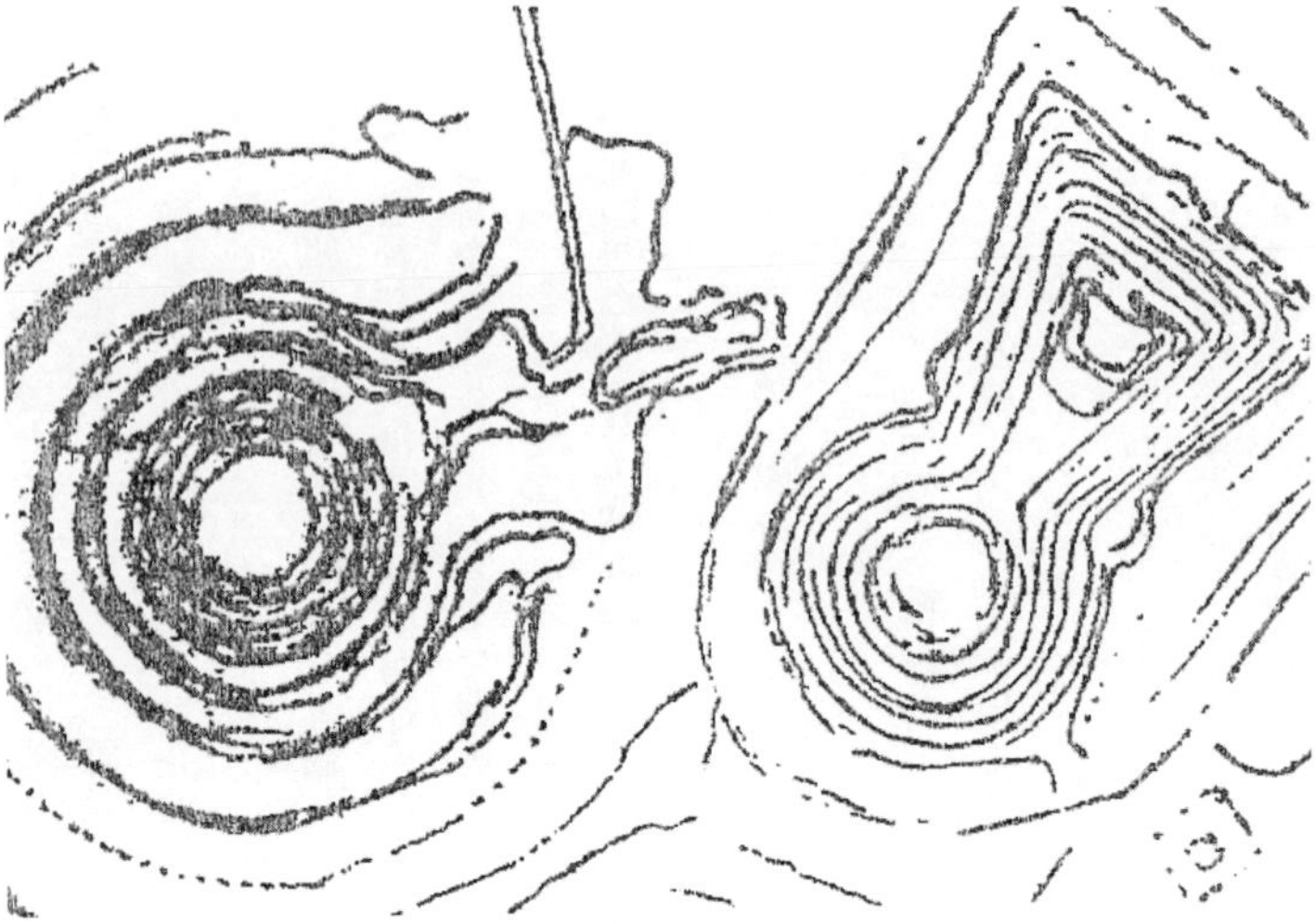

図２　西都原古墳群

古くより可愛山陵と言い伝えられ、西都原古墳群中規模第一のものである。前方部封土の一部が欠損しているのは、往時ここに神社を造建したものと言われている。（※松重注。こうしてこの時、天皇家によって大規模な改竄が行われた痕跡を隠すため）葺石を覆い、後円部は二段の態を為す。またさらに、後円部を繞《めぐ》る二重の隍《こう》（壕《ごう》）をも有している。

宮崎県史跡調査報告書第五輯児湯郡（宮崎県刊）には、次の記事が見られる。

男狭穂塚（柄境式？）陵墓参考地として宮内省の所管に属している。該墳は全長約二百間《けん》（柄の部は開削のため確認し得ざる所あり）。円形の部　径百九間、高さ七十尺《しゃく》にして四段に築き、頂上は径三十間、二重の隍を有している。里俗は之を天津彦《あまつひこ》火瓊々杵命《ほのににぎのみこと》の陵《みささぎ》という。実測＝全長二百十九メートル・後円部径百二十八メートル・前方部巾二十二メートル・クビレ部二十四メートル・面積一万四千九百平方メートル（図２参照）。

女狭穂塚《めさほづか》（一万七百六十平方メートル）前方後円墳
地籍　児湯郡西都市大字三宅字丸山
方位　東南に前方部を向け偏東十二度
古来里俗に、木花開耶姫命《このはなさくやひめのみこと》の御陵と伝えられるもの。そのためか、前方部を廻る隍（壕）の外堤から埴輪破片が出土している。
後円部は三段をなし、第二段以上の封土の体積は四万九千二百三十平方メートルで、隍の容積は四万八千平方メートルであり、その数値は概略一致しているので、掘り上げた土だけ高塚となり、掘り下げた凹地が隍をなしたものと推察される。

前掲報告書第五輯には、「男狭穂塚に接して東南隅に位置する。陵墓参考地として宮内省の所管である。墳の基底部は、長さ九十八間、前方部高さ三十六尺、後円部高さ四十八尺、繞《めぐ》らすに壕《ほら》せ隍を以ってせり。一般には木花咲耶姫命の陵《みささぎ》という（県による実測は、全長百七十四メートル、後円部径九十七メートル、前方部巾百六メートル、クビレ部七十五メートル、面積一万七百六十平方メートル）」となっている。

第一六九号円墳（旧一一〇号、俗称飯盛塚）

位置　この塚は丸山丘陵上の女狭穂塚と壕を隔てて西方五十メートルに位置し、県庁実測図「御陵地参考墓付近平面図」の中には飯盛塚と記され、外形が完全に保存されて最も優麗の観がある。

形態　円形墳で高さ二十三尺、頂上の径六十尺、基底部の径百四十七尺、塚脚の高さ四尺五寸で、その周囲には空壕を囲らしている。

調査は、西都縁より巾六尺を掘り上げ、塚脚より十尺上った所に埴輪円筒一列二百六本を調べうる。円筒の間隔一尺二寸～二尺前後である。更に二尺上り、すなわち塚脚より十二尺の面に一尺深さに川石の丸いものを一面に葺き、それが二十尺巾に及んでいる。

頂縁より入ること八尺の所に第二の埴輪円筒列があり、頂上の平面部と傾斜面の境に多数の埴輪の破片、屋根形（家屋形）の埴輪の破片、および短甲冑等の形を模したものなど、下部の円筒を隔てて四十八尺の点位になお破片がみられる。

円墳頂上より二個の円筒埴輪が出土した。その一つは、三段の柩と中央に孔を有す。加えて家形埴輪、船形埴輪の出土あり。

子持埴輪家

重要文化財指定、国立博物館所蔵。土製素焼き、高さ五十四・五センチメートル。

竪穴式主屋を囲んで、母屋を中心に前後左右（四方）に異なった家（切妻と四柱造の小型の家）を建てそえた、珍しい複雑な構造の埴輪家である。

中心の母屋は、屋根を地面まで葺き下ろした切妻大棟の竪穴構造の大きい埴輪家で、古い姿を残し、前後には、埴輪家と同じ入母屋造りの家を、左右には、切妻造の四つの新しい構造の別棟を持つ、いわゆる「新旧両様式」の家屋の組み合わせになる豪壮な邸宅の姿である。

古代、一族郎党を養った地方豪族の屋敷を、こんな形の埴輪家にうつしたものと見られる。それは、二〜三世紀頃の〝豪族文化の表徴〟ともいえるものだ。

埴輪船

重要文化財指定、国立博物館所蔵。土製素焼き、長さ百一センチメートル。古代の外洋航行船＝多数の板をはぎ合わせてつくった〝構造船〟をうつした埴輪である。

船床、すなわち船底には船板が張られ、船腹には喫水線を示す鍔形のあおりが巡らされて、細かい構造を示した大型船のほぼ完存する「珍品の埴輪」である。舳先《へさき》と艫《とも》は同じように著しく高く飾り立てられ、両舷《りょうげん》には櫓《ろ》べそ（櫂留め）の突起が六個ずつあり、大海を航行する構造船とも考えられる姿だ。

すでに出土せる「銅鼓」には、ゴンドラふうの船が描かれていることからもわかるように、わが日本列島の弥生時代には、早くから独木船にのみ頼る時代は過ぎて、その文化程度の目覚しい〝発展度〟がうかがえるのである。

墳丘調査

頂上より十一尺一寸の所にわずかに希薄な朱色の残層に達し、下部は硬い自然の地盤となる。これより判断して、葬送儀礼の際には、木棺もしくはその他腐朽すべき材料をもって、死体を包被せるものを置き、その上面に漸次土壌を堆積して築造した（あらかじめ塚を築いたのではなく、棺を地上に置いた後に盛り土をして築いた）ものと思われる。

人骨

臼歯四本頭蓋骨の破片少量、特に当時貴重な朱砂《しゅしゃ》（水銀と硫黄の化合物）をもって覆ったもののようである。頭蓋骨の破片のある付近に、周囲一尺五寸許《ばか》りの薄い朱層が土壌に混在して見られる。臼歯・咀嚼面のやや摩損しているのをみれば、四十歳前後の人とも考えられ、被葬者は壮年の者というべきであろう。

銅釧《どうせん》（銅製の腕輪）および**貝輪**（貝製の腕輪）

この銅釧のありし部分は胸部にあたり、その手の一方には銅釧をまとい、一方の手には貝輪を纏い、その両腕を胸上に置いたものと思われる。

銅鏡（青銅鏡）

仰臥せる頭の北方、すなわち上に置かれたもので、銅釧の所在地点より北方一尺七寸にして、径二寸三分の円形銀製の一物、これは鏡である。表面の土を除けば、雨に濡れた土中に青く光るものがあり、銅鏡であった。

表面を上部に向けて安置、その上に玉虫の羽様のものが付着せるのは、玉虫の翅を振付けておいたものである。仔細に検すれば、玉虫の翅両片を南北向に一列に並べておいたもの（玉虫は古く本邦で愛用したもので、玉虫厨子、正倉院の矢、男子鞘口《さやぐち》の錺《かざり》等に用いている）。裏面の間より組紐の如きものが出土した。

往古、鏡は、通例面を表にして棺内に置くことを忌む風習があったようだ。用いない時は必ず背面を表にして置くか、しらざる場合は物で覆うことを普通とするが、葬儀には面を表にすることによって「忌中」を表したものか。

刀子《とうす》および鉄鏃《てつぞく》等の破片

銅鏡より北一尺四寸の所、径約八寸ばかり、酸化鉄の薄い層を認めた。

刀子《とうす》・鏃《やじり》・鋲板《てっぱん》・斧《おの》等

仰臥屍体は足部を南方に、頭部を北方に、足部の左方、東側には刀子、鏃不明の鋲板、斧等を置き、胴部の東側には刀剣の柄を北に、刃を外に向けて置いたもの、頭部に鏡、さらに北方に衣服等が置いてあった。

これを按ずるに、刀剣を人体の左側に置いたのは、佩用《はいよう》若しくは使用の便のための習慣であろうが、ことに柄を北にしたのには理由があった。近世まで、武家には、刃尖を北方《ほっぽう》（天《あめ》・朝鮮）に向けて置くのを〝忌む風習〟があったのだ。

刀二本
鍔（木質）鯉口に組たる緒の一巾《ひときれ》付着せり。

竹製櫛《くし》の一部・鋤《すき》の頭様のもの二個・長さ一尺位の板に鉄板を貼り付けた破片等
被葬者の整斎せる状と、上部の土壌の陥没せるとによって類推せば、屍体は木棺に納めて埋葬し、その棺外の頭足の辺には副葬品を入れたものであろう。

碑石文（一一〇号墳）
大正元年十二月調査。石碑周囲の上下に二匝《そう》の埴輪あり。頂上に樹木あり。頂上より深さ一丈二尺の所に約九尺の間歯牙・骨片・鏡・釧・刀・剣・鏃等を発見し、骨牙・骨片は壷に納めて旧位に座らしむ。

調査官　宮内省御用掛　増田　于信
東京帝国博物館嘱託　関　保之助
大正二年一月九日　宮崎県知事　有吉　忠一　誌

第一七一号　方形墳（旧一一二号墳）
位置・形態、女狭穂塚の西方三百メートルを隔たる丘上に位置する方形墳である。
高さ十五尺、敷巾、東北十三間、西南十三間、壕隍は周囲百六十五間、巾八間、この方形墳は女狭穂塚の陪塚《ばいちょう》と言われている。
（改竄前の）調査について、埋没碑石には次の如く記す。
碑石文　第一一二号（大正元年十二月調査）
周囲の上半部は礫石を以って覆われ、四面の上下に二匝の埴輪あり、頂上に樹木の破片を発見する。既に往古発掘の痕跡あり。為に内部の遺物を発見せず、（貴重な）碑文の拓本も入手することができなかった（※本当だろうか？）。

調査者　京都帝国大学文科大学講師　浜田　耕作
東京帝国大学理科大学助手　柴田　常恵
大正二年一月九日
宮崎県知事　有吉　忠一　誌

☆　☆　☆

以上のことに関して、鹿島曻は『倭と日本建国史』のなかで次のように述べている。
驚いたことに、ここには（ソウル市在住の）韓国将軍・朴蒼岩氏が告発した朝鮮総督府偽史シンジケートのうち、当時の指導者三人までが登場している。

このことは、彼らが明治・大正年間、西都原において、卑弥呼古墳を改竄・隠匿したことの明確な証拠となるものではないだろうか。

なぜならば、焚書グループの任務は、研究ではなく焚書であり、それ以外の何ものでもないから――。日清・日露戦争の最中、朝鮮王国を占領し、韓民族の史書を強奪して焚書した人々が、学問的研究のために日向（宮崎県）まで行っただろうか？　毒を喰《くら》えば皿までと言うではないか。朴氏の言わんとするところは、まさにこのことではないだろうか。

私にこれ以上、何を語れというのか――。読者にはよく判っているはずだ。

これ以上、敢えて論じる必要があるだろうか。語れば語るほど心が沈んでくる。

☆　☆　☆

ただ、ここで一言付言するが、騙された方にも全く責任がなかったわけではあるまい。

柄鏡式という、きわめて珍妙な改竄が為された男狭穂塚古墳は、元来は三世紀築造の円墳として隣接の女狭穂塚古墳と並んでいたはずだ。

それを大胆に改竄して、円墳にクビレ部分の柄を付けた目的は、もちろん『魏志』倭人伝隠しであって、原型であった円形の部分の径百九間というのが、倭人伝のいう「径百余歩」に相当する部分であり、原田常治が指摘するように、この古墳こそ紛れもなく卑弥呼女王の古墳であった。世俗に〝知らぬが仏〟というが、桓武焚書に続く男狭穂塚古墳の改竄は奈良の大仏さんをも騙し通すほどの歴史的改竄だったのである。

『倭人興亡史』の〝卑弥呼王朝〟

このように重要な「卑弥呼王朝」については、従来『魏志』倭人伝によってのみ研究されていたが、前漢時代の東洋史『倭人興亡史』を無視すべきではない。

それではまず、第三十八、三十九章を読んでみよう。

第三十八章

これよりさき、弁那《ハンナ》に二汗落《カラ》あり。先ず縉耘伊逗《シウイツ》氏曰《いわ》く「縉耘刀漫《シウトウマン》氏の伊逗《いず》氏は、殷王朝（殷文化圏）のうち密矩《ミコ》王の氏孫が入って継げる所なり」と。淮伯《わいはく》諸族の弁《ハン》に合せし者、具《つぶさ》にみて宗となす。中ごろ微にして子孫或いは刀漫氏の鞠育《きくいく》する所となる。繆突《ボクトツ》幼にして異相あり。刀漫これを忌憚《きたん》し、鞅《アシ》氏に質として急に襲う。繆突亡奔《ぼうほん》し、迂《う》して殷に寄る。殷よく外に計《はか》り、伯密《ひそ》かに内に応ず。繆突入りて迂翅報《ウシフ》（辰迂殷《しういん》王）となり、漢を囲んで幾獲《きかく》するや、転じて弁《ハン》殷《イン》の間を掃《はら》い、殷乃《すなわ》ち康《こう》となる。繆突路《ロ》により死するに及び伯また坎軻《カンカ》し、久しく漠邊《ばくべ》（シルクロード）に潜む。ここに至り辰招くに率発符婁《ソホフル》の谿《タニ》、臼斯旦《クシタ》、烏歴旦《ウアン》の壌を以ってする。高《こう》令《れい》乃ち至る。

〔解説〕

これよりさき、匈奴《きょうど》（フン族・フィン族）に二大部族があった。すなわちシウ伊逗《いず》氏とシウ刀漫《とうまん》氏である。伊逗氏は、殷のミコ王（第二十八章の国常立命《くにのとこたちのみこと》）の孫が入って継いだものである。淮《わい》族（濊《かい》族）と伯族のうちで、匈奴に合した人々はよく考量したのち、これを宗（宗主・酋長）とした。

しかし、その後衰退し、ミコ王の子孫はしばしば刀漫氏に養われた。ミコ王の子孫の冒頓《ボウトン》（冒突）は、幼にして異相を嫌われ鞅氏《アシ》（大月氏）に人質とされた後、襲われた。冒頓は走り逃れ、迂回して殷（奇子朝鮮）に助けを求めた。殷はよく外部と相談し、伯族はひそかに匈奴内部から内応した。その結果冒頓は匈奴に入って単于（王）となり、侵攻して来た漢軍を包囲して高祖を虜《とりこ》にし、反転して匈奴と殷の間の諸族を追い払った。のちに殷は滅び、その遺民が高句麗となったが、その経緯は「漢が賄賂を用いて、冒頓を殺させたもの」であった。そのため伯族（のちの天孫族）は再び衰え、久しく辺境に潜んでいた。ここに至り、辰王（卓《たく》）は卒本川《そつほんがわ》の流域＝紇升骨《こつしょうこつ》と丸都《がんと》の領域を提供して招いたので、チュルクの高令《こうれい》（トルコ族）がやって来て高句麗を建てたのである。

第三十九章

また、使いを伊鍛河《イサカワ》畔に遣《つか》わす。載龍髯《シロス》報《むく》ゆるに、遠鍛河《トサカ》及び頌卑離《ハヒリ》を以ってする。また「勃婁達《モロタ》に令して杜都那《トツヤ》を修し、納祇米《タキミ》を置き、高密師志《カミソシ》を派遣して外寇《がいこう》を禳《はら》わしむ」と言う。

鑑ここに尽く。

〔解説〕

また、使いを筑紫《ちくし》（九州）の豊日国《とよひこく》宇佐川に派遣した。その結果、『契丹北倭記』の東表《とうびょう》国王シロス（朝鮮南部の分国・駕洛《から》国首露《しゅろ》王の世襲名）より鳥栖《とす》と背振《せぶり》山脈の地（現在の筑紫および佐賀平野）を賜った（これが邪馬壱《やまい》国の始めである）。また「諸民に命じて外宮を祭り、巫女を置き、祭祀を行って外寇を祓《はら》わしめた」という。

『鑑』（賁彌《ひみこ》国氏の洲鑑《しゅうかん》・フェニキア人の東洋洲史）はこれで終わる。

第三十九章の「辰王がイサカワに遣使して、東表国王シロスからトサカとハヒリの地を割譲させた」という部分を、私は従来、先学浜田秀雄に従って、佐賀関半島と別府（大分県）に比定していたのだが、いま改めて「トサカ」を鳥栖（佐賀県）、「ハヒリ」を背振山脈（福岡県）と考えてみたい。

そうすると、辰王は東表国王シロスから、まず筑紫・佐賀平野を割譲させて、邪馬壱国を建国したことになるであろう。それでは、この〝辰王〟とは一体誰なのか。

第三十八章は、「冒頓単于が死んだので、辰王がソホフルとクシタウアンタの地を与えた。チュルク族の高令《こうれい》がやって来た」と述べる。「ソホフル」は卒本（輯安・集安）であるが、「クシタウアンタ」を紇升骨と丸都、または『魏志』馬韓伝〜五十四国のうちの臼斯烏旦《ウシウタ》国と解すると、いずれかが高句麗のルーツとなるのである。

このことを知るためには、『桓檀古記』「北夫餘本紀」二世檀君慕漱離《ボソリ》（前一九三〜一六八年）の条を読まなければならない。

二世檀君慕漱離　在位二十五年

丁未元年、番朝鮮王・箕準《きじゅん》の旧居・須臾《すゆ》は、嘗て樹恩多く、民皆富穣《ふじょう》（豊穣）なり。後、流族の為に破られ、滅びて海に入り帰らず。諸加の衆、上将・卓を奉じ、大挙して登程するや、直ちに月支《げっし》（平壌《ピョンヤン》）に到り国を立つ。月支は卓の生郷なり。これを中馬韓という。ここにおいて弁辰二韓、各々その衆を以って百里を受封し、都を建て自ら号す。皆、馬韓の政令を聴用し、世世叛かず。

戊申二年、帝、上将・延佗勃《えんわぼつ》を遣わして城柵を平壌に設け、以って賊・満に備えしむ。満人、苦を厭いて再び侵攻せず。

己酉三年、海城を以って平壌道に属さしめ、皇弟・高辰《こうしん》をして之を守らしむ。中夫餘《ちゅうふよ》一城悉く従い、餉《かれいい》（糧秣）を献ず。

冬十月、京郷分守の法を立つ。京はすなわち天王自ら総衛する。戌郷はすなわち四出が分鎮する。恰も柶戯《さじぎ》の戦いを観《み》、龍図《りゅうず》の変を知るが如し。

辛未二十五年、帝崩ず。太子・高奚斯《こうけいし》立つ。

ここで、「箕子（奇子）朝鮮が鮮卑族の衛満に敗れて、玄海（対馬）に亡命した時、月支国の人・上将卓が奇子朝鮮の諸加（諸族）を率いて中馬韓を建てた。同時に弁韓と辰韓が、卓王から百里を受封した」とある部分を考えてみよう。

（イ）『漢書』地理志は、「前三世紀、秦帝国が魏を滅ぼしたとき、孔氏（孔子の子孫たち）を宛《えん》に移した。すなわち、趙《ちょう》、つまりその首都邯鄲《かんたん》や同盟国の中山《ちゅうざん》（その首都霊《れい》寿《じゅ》）で捕虜にした王族の卓氏と魯国（山東省）の程氏《ていし》を、蜀国（現在の四川省）の臨《りん》邛《きょう》に移し、さらに秦末には不軌《ふき》の民（捕虜の工人）を南陽《ナンヤン》（宛《エン》）に遷した」と述べる。

ここに出てくる邯鄲、宛、臨邛などは、当時の〝大製鉄地帯〟であった。

（ロ）『漢書』地理志および『史記』貨殖《かしょく》伝によれば、「南陽郡の人口は百九十四万人、戸数は三十六万戸で、行政区は三十六県あったが、その中心は特別区の『宛』であった。その経営者・儒者の孔氏一族は、南陽郡に大鼓鋳《だいこちゅう》（初期の溶鉱炉）と規陂池《きはち》（鉧化《けら》粧池用の大堤《おおつつみ》）を持ち、その使用人は蜀国・卓氏の三倍であった」という。

（ハ）『漢書』には、さらに、「前漢末、成哀の間（前六〜七年）までに、蜀の卓氏と程氏および斉《せい》の刀間がつぶれ、（蜀《しょく》の首都）成都《せいと》や（斉《せい》の首都）臨溜《りんし》には別系の商人（大金持）が出来た」と記されている。

（ニ）次に、『日本書紀』応神天皇十六年（四二一年）の条は、「漢の高祖の後裔であったという百済人・王仁《わに》博士の渡来（以上『広辞苑』による）」を述べている部分だが、また一説によれば「貢上手人韓鍛冶博士の名・卓素」とあって、新羅が百済人・卓素という鉄工（鍛冶）博士を日本に送った、となっている。

（ホ）この「卓素」のことは、『大宝戸籍』に、「戸主追正八位勲十等肥君猪手、年五十参歳、正丁大領課戸、宅蘇吉志《たそきし》、須彌豆売《すみつめ》（大領の母）、哿多奈売《かたなめ》（同妻）、宅蘇吉志橘売《たそきしひめ》（同妾）」と記されている。怡土《いど》（伊都国《いと》）八郡には託祖《たくそ》（宅蘇）郷があり、これに関連して『東大寺文書』は「大宝中之宅蘇氏居此」と述べている。

以上、「卓氏」について総合すると、
（一）卓氏は趙国（山西省邯鄲）の鉄工部族（商人貴族）であった。
（二）秦（咸陽・西安）は趙を滅ぼして卓氏を蜀に移した。
（三）箕子（奇子）朝鮮にも卓（度）という将があって、月支国の出身であった。
（四）奇子朝鮮が滅びたあと、卓は中馬韓の王となった。
（五）応神天皇のとき、新羅の鉄工博士・卓素が日本に来た。
（六）卓素は宅蘇と称し、糸島郡高祖山《たかすやま》一帯（現福岡市西区）を領する鉄工貴族になった。

私はまず、新羅の卓素は、中馬韓王・卓の子孫で、韓半島に残留した一派と考えたい。卓の一族は、東表国《とうびょう》（日本と朝鮮に跨る水田稲作農業国）の王・クルタシロスから北九州の筑紫平野を譲り受け、のちに邪馬壱国を建てるのだが、後述するように、この王が蘇我氏なのだから、ここで卓素を宅蘇と書くのは、卓が蘇我氏（ヒッタイト人製鉄族）の一派であることを示すのではないか。

卓氏は元来「カルタゴ」の旧称ウテイカを意味する漢語の氏姓《うじせい》で、蘇我氏の祖タケヌナカワワケ、または建族《タケル》につながり、結局アンガ人のことだと考えたい。

一方、程氏《ていし》の方は、インド十六カ国のアヴァンティの表音ではないだろうか。してみると、月支国（大月氏族らのクニ朝鮮・平安南道平壌《ピョンヤン》）を流れる大同江《テドンこう》を〝ガンガ河〟のことだと解釈しても、あながち無理とは言えないであろう。

私は、中馬韓とはチャンパカンのことであり、月支国とはガンガ河の地名遷移だと理解したいのである。

さて、高倉下命《たかくらじのみこと》または天香具山命《あめのかぐやまのみこと》は天《あめ》の王朝（ウガヤフキアエズ王朝）の祖王であるが、実は天日矛《あめのひぼこ》と同一人物であって、『古史成文』には「天《あめ》の日槍《ひぼこ》」が天香具山命となっている。

そして、卑弥呼はその宗女（長女）で、実は神武妃ヒメタタライスズなのである。

『日本書紀』は「高倉下命が扶余王イワレヒコ（神武）に宝剣を捧げた」と述べ、一方、「天日槍の神器の中に出石小刀一個、出石桙《ほこ》一枝があった」と記している。

伝説上から考えると、天日槍はわが国の鉄工部族の筆頭であるとしてよいし、ヒメタタライスズの名前も、「タタラ」を付した製鉄部族名を示している。したがって、「天《あめ》（または海《あま》）の王朝」とはアンガ系の製鉄部族のことであり、中国の春秋戦国時代には、趙と奇子朝鮮の傘下にあり、これが卓氏（卓王）だったということになるわけだ。

「韓国史」とのテキスト・クリティク

さて、『倭人興亡史』が「冒突（冒頓）の死後匈奴は衰え、辰王が卒本《そつほん》・紇升骨・丸都などを整備・提供して、高令《こうれい》を招いた」と述べる史書上の事件の実態は、

（一）解夫婁がそのときの辰王で、東明王が来たというのか、

（二）東明王の子高無胥《こうむしょ》が辰王で、高朱蒙が来たというのか、

（三）慕漱離が辰王で、高辰が来たというのか、

（四）中馬韓の卓が辰王で、高令が来たというのか、

のいずれかであるが、両書を総合して考察すると（四）が正解であるように思われる。辰王が「卓」であるとすれば、卓はまた『魏志』の「馬韓の辰王」でもあるわけだ。

これについて、『桓檀古記』「北夫餘本紀」は、次のように述べている。

「海城を以って平壌道に属さしめ、皇弟高辰をして之を守らしむ。中夫餘一城悉く従い、領内の餉を以って糧秣とする」

したがって、このとき招かれた高令族（チュルク族）の王は、北夫餘王慕漱離の王弟（実は義弟）とある高辰なのである。史書のこの部分は「北夫餘王」も辰王、「中馬韓王」も辰王であるから、史家に誤解されやすかったのである。

この高辰の子が東明王である。王統は、高辰→東明王→高慕漱（高無胥）→朱蒙と続く。『後漢書』東夷伝は、「初め北夷索離《さくり》国王出行する。その侍児（侍女）後に於いて挺身するに、王還るやこれを殺さんとする。時に侍児曰く、以前、天上の気配《けはい》を見聞する。大きさ鶴子の如し。降り来るによって感じ、身ごもること有り。王これを聞いて閉ざす。侍児後に（密かに）男子を生む、云々」と述べる。これは、史書の東明王を朱蒙と誤って、索離国王高辰と東明王の両王を一人の王として記したものであろう。

これら史書上の関係は、先に北夫餘の祖王解慕漱が檀君になり、箕丕《きし》（箕子）の一族が番韓王になったという、一種の配置換え記録のようなものであろうか。

高句麗王朝の「五加（五部族）」とは何か

次に、『魏志』高句麗の条は、「もと高句麗に五族あり。涓奴《けんぬ》部、絶奴《ぜつぬ》部（または椽那《えんな》部）、順《じゅん》奴《ぬ》部、灌奴《かんぬ》部、桂婁《けいろ》部あり。もと涓奴部王たり。後やや微弱となる。今、桂婁部これに代わる」と述べる。

拙著『倭人のルーツの謎を追う』で述べたように、涓奴部とはサカ族のクシャトリアのことだから、解慕漱とアグリナロトの一族が涓奴部で、朱蒙以下は桂婁部である。

従来、この「涓奴部」が何か、学者には解明できなかったのであるが、「涓」の義は山間部（崑崙《こんろん》山脈）を源とする雪解け水の河流のことだから、大月氏の本拠であるホータンの両河流域のコロニーを「涓奴部」と表現したのである。ホータン（コータン）はアケメネス・ペルシャのサカ州であって、『史記』に「韓宣子が州に行った」とあるのは、「カルデア人がサカ州に移った」ということではないだろうか。

そこで、アグリナロトとイサトの父子だが、彼らは濊君《かいくん》ともあるから、『桓檀古記』檀君三世の条の「濊邑《かいゆう》の酋《しゅう》」の子孫と考えてみたい。しかも、檀君三十六世のときの陜野侯裵幣命（マガダ王クシャトリア・ビンビサーラ）も、同じく濊酋の子孫として両者の中間に介在するから、ナロトとイサトの父子は、マガダ人だったと考えられよう。

ホータンの大月氏は、われわれの『宮下文書』では、白玉河と黒玉河の間にいた月夜見命《つきよみのみこと》の一族となっていて、この王家が**楼蘭《ろうらん》王朝**の先祖らしいのであるが、このことは鹿島昇著『シルクロードの倭人』に祥述してある。すなわち、アグリ王（のちの百済王）は、月夜見命と楼蘭王朝の間に〝介在〟したらしいのである。

『宮下文書』は、クシャトリアの富士王朝を蘇我・物部の王朝とし、大化改新（これは実は架空の物語なのだが）の後に、藤原氏の特使が『徐福文書』を求めて富士山麓の宮下家に至り、当時、既に『宮下文書』と呼ばれていたものを改竄したと述べているが、不思議なことに、物部の祖であるべき饒速日尊《にぎはやひのみこと》が天皇家の『左右大臣系図』に記されていないのだ。

それはなぜか。実はこのとき、「藤原氏（『記紀』修史族）の意向により饒速日《にぎはやひ》系図を抹消した」らしいのだ。されば、本来、月夜見命系図と饒速日尊系図とは同一のものだったのではないか、と推考されるのである。

饒速日尊一族の「大移動」

中国史の春秋・戦国時代、「濊《かい》君」と呼ばれた古《いにしえ》の海人族・饒速日尊《にぎはやひのみこと》一族の正体は、オリエントのカルデア王朝末期に、インダス河を遡上してホータン（宝玉を産出した砂漠の都）に大移動したサカ族であった。

この〝自由商人の群れ〟であった濊君一族のその後の〝経緯〟を記すと、

（イ）サカ族の一部が分かれて南下し、インド十六カ国時代「マガダ国」を建てると、アケメネス・ペルシャの支援を受け、アンガ、コーサラ、アヴァンティ、カーシなどの日神王朝系諸国を連破して、月神王朝系の一大強国となった。

（ロ）前五世紀には、マラ族水軍を従えてインドシナ半島に進出し支配した。さらに北上して福建と南平に製鉄コロニーをつくり、さらに淮河《わいが》中流域へと進み、その上流域栄陽（のちの河南省南陽《ナンヤン》）の「宛《えん》」にも製鉄コロニーを建設した。

（ハ）さらに朝鮮半島に到達して「徐珂殷《じょかいん》」（ジョカ族すなわちサカ族の殷文化圏・奇子朝鮮）を建てたと理解したい。

（ニ）有名な『史記』の「徐福伝説」は、〝宛の支配者・徐氏《じょし》〟の説話化であり、また彼らはドーソン（南越）などの銅鼓《どうこ》文化圏をも支配していたのである。

（ホ）そして奇子朝鮮が衛満《えいまん》に滅ぼされ、殷王（奇子朝鮮王）が玄界灘の対馬《つしま》に逃れたため、取り残された遺民たちを従えた将軍卓《たく》が「中馬韓《ちゅうばかん》」を建てたのち、夫餘《ふよ》（北扶余首都農本《のうほん》→高句麗首都卒本《そつほん》）に合体したという次第であろう。

（へ）いわゆる『魏志』倭人伝の卑弥呼は、伊都国王イワレヒコの王妃で、『記紀』のヒメタタライスズでもある。神武の死後、卑弥呼は神武と先妻の間の子・手研耳尊《たぎしみみのみこと》と再婚した。したがって、『魏志』倭人伝のいう〝卑弥呼の男弟《だんてい》〟とは手研耳尊のことである。

抹殺された「邪馬壱国」の〝卑弥呼王朝〟

これら**邪馬壱国の歴史**について、畏友中原和人氏は『**封印された古代日本のユダヤ**』（絶筆遺稿）の中で、次のように述べている（※「小見出し」は、読者の便宜のため筆者がつけた）。

日本の初代天皇と言い伝えられている神武天皇という人物について、韓日両国の古史・古伝『北倭記《ほくわき》』『秀真伝《ほつまつたえ》』『桓檀古記《かんだんこき》』には、次のように明記されています。

（一）「神祖は、イカヅチワケをサハキ（扶余）に配した」（『北倭記』）

（二）「イワレヒコ（神武）が阿蘇を都とする大物主命の国を奪ってワケイカヅチと名乗った」（『秀真伝』）

（三）「神武は筑紫（博多）の伊都国王であり、日向（宮崎県）にあった安羅国と熊本にあったニギハヤヒの多婆羅国を合併して邪馬壱国を建てた」（『桓檀古記』）

以上を総合すると、『記紀』などにより日本で一般に伝えられている神武天皇というのは、あくまでも創作伝達の都合で仕立てられた、いわば神話上の人物であり、歴史上に実在した神武とは違うということが判ります。

歴史上の実在の神武は、イカヅチワケまたはワケイカヅチ（別雷神）と同一人物であり、高句麗新大王の末子・罽須《けいす》と同一人物です。

神武は、扶余（現在のソウルの辺り）王の仇台《きゅうだい》となったのち、帯方郡で伯済国《はくさいこく》を建てて百済王仇首《きゅうしゅ》となりました。その後、さらに南下して伊都国王（筑紫〔博多〕国王）のイワレヒコとなり、九州日向《ひゅうが》（宮崎県）に先行した公孫氏（海人族）および肥後《ひご》（熊本県）のニギハヤヒ族と合体して、邪馬壱国《やまいこく》を建てたのです。

さらに、この点について吟味し、厳密に分析してみると、罽須その人は高句麗新大王の実の子ではないことが分かりました。父親はヒッタイト人とフェニキア人の混血で、母親はヒッタイト人なのです。

・いわゆる「高句麗人」は、ツングース（アイヌ人）とフェニキア人の混血です。
・いわゆる「百済人」は、フェニキア人とヒッタイト人の混血です。
・実は、**罽須**（ヒッタイト系貴族）の先祖は、約三千年前に、フェニキア人とヒッタイト人の混血によってウラルトゥ人（血液A型）として生まれました。

ウラルトゥ人の国は小アジア（トルコ）のヴァン湖周辺に建国されましたが、これがウラルトゥ王国であり、その初代王がアマテルノ大神《かみ》（男王）なのです。このアマテルの子孫がシルクロードに亡命して月夜見命《つきよみのみこと》の系譜となり、やがて〝**ウガヤ王朝**〟となって変遷を続け、東アジアにまで登場したのです。

……神武天皇の母は玉依姫命《たまよりひめのみこと》であり、神武天皇と前妻のアヒラツヒメとの間に生まれたのがタギシミミノミコトということになります。前妻のアヒラツヒメが死んだあと、後妻に公孫度《たく》の宗女であるイスケヨリヒメ（またはヒメタタライスズヒメノミコト）、すなわち卑弥呼を迎えています。

その卑弥呼との間に出来た子が、長男・神八井耳命《かむやいみみのみこと》、次男・神沼河耳命《かみぬなかわみみのみこと》、三男・彦八井《ひこやいの》命《みこと》の三人です。しかし、伊都国王・神武にとっては、前妻の子どもであるタギシミミノミコトが長男であり、神八井耳命は次男、神沼河耳命は三男となるわけです。ですから、のちに綏《すい》靖《ぜい》天皇となる神沼河耳命は神武にとっては三男といえます。

当時の東アジアには、匈奴の習慣というものがかなり入ってきており、その例として、神武が紀元二三四年（六十六歳で）死去したあと、皇太后となった卑弥呼と前妻の子であるタギシミミノミコト（季父《きふ》）との結婚式が挙げられます。こうした近親結婚の慣習は、当時の朝鮮や日本では当たり前のように行われていました。

近年になっても、例えば戦時中の日本では、兄が戦争で亡くなると、兄嫁はその弟と結婚するなどということもよくありました。ただし、中国などでは、こういった慣習というのは、一般に嫌われる風潮にありました。

卑弥呼はどうしたかというと、タギシミミノミコトと結婚したことを、ありとあらゆる手段を用いて隠し通していたようです。そのため、〝魏の使者〟などを面会謝絶にしたほどだったと言われています。

里俗に、邪馬壱国女王・卑弥呼は誰とも結婚せず、夫《おっと》の季父《きふ》（手研耳尊《たぎしみみのみこと》）を弟に仕立て、弟が仕えていたとして、最初から最後までシャーマン的存在であったという「説」もまかり通っているようですが、真相は違うわけです。

当時、遼東の燕王《えんおう》（中国八雄の一つ）公孫氏と、隣国の百済（濊貊《かいはく》族）とは常に争いごとを繰り返していました。従って、戦陣の最中、敵に身内を嫁がせるといった政略結婚のようなものを相互に行っていたのです。卑弥呼の場合も、その例の一つといえるでしょう。そうして、卑弥呼とタギシミミノミコトとの間にできた子が、宗女・壱与《いよ》です。卑弥呼亡きのち、壱与が邪馬壱国を引継ぎ、治めたといわれています。

卑弥呼その人は、『記紀』などでは意識的に抹殺されているのですが、ここに出てくるイスケヨリヒメが卑弥呼にほかなりません。このことについては、『古事記』にも、「タギシミミノミコトの変」として以下のように記されています。

神武天皇崩御の後、皇子たちが殺されかかった

神武天皇崩御ののち、この皇子たちの義兄・手研耳尊（季父）が皇后（卑弥呼）のイスケヨリヒメと結婚されました。やがてヒメと季父との間に皇女二人が生まれると、季父はヒメの御子である三人の弟を殺そうと計画されたので、母のイスケヨリヒメは心を悩ませ苦しまれて、次のような歌でもって、御子たちにそのことをお知らせになりました。

狭井川よ　雲たちわたり
畝傍山　木の葉さやぎぬ　風吹かむとす

〔解釈〕

この歌は旧い仮名づかいになっていますが、その意味は、「狭井川の方から、雲が渡ってくる。（京城《けいじょう》の）畝傍山では、木々の葉がざわめいている。これは、ひどい風が吹く前触れです」という暗号文となります。

さらにもう一度、緊急に、知らせる歌を送りました。

畝傍山　昼は雲とゐ

夕されば　風吹かむとぞ　木の葉さやげる

〔解釈〕
（京城《ソウル》の）畝傍山では、昼は雲が流れ動いているが、夕方ともなれば、大風が吹き始めるだろうと、木の葉がざわめき出している。

この御歌を聞かれた御子たちは、たいそう驚かれ、タギシミミノミコトを殺そうとなされましたが、そのとき、神沼河耳命がその兄上の神八井耳命に、

「お兄さん。あなたが武器を持って入っていって、タギシミミノミコトを殺しなさい」

と申されたので、神八井耳命は武器を持って屋内に入り、殺そうとなさいました。しかし、手足がわなわな震えてしまって、殺すことができませんでした。

それを見ていた弟君の神沼河耳命が、兄君の持っておられた武器を受け取られ、屋内に入っていってタギシミミノミコトを殺されました。

そこで、神八井耳命は、

「わたしは敵を殺すことができなかったが、あなたは敵（仇《あだ》）を殺すことができました。私は、兄だといっても上に立つにはふさわしくありません」

と、弟君の神沼河耳命に兄君の立場を譲られ、こう続けられました。

「私は、あなたの王権をお助けし、神をお祀りする方面のことをお預かりしてお仕え申し上げ

ましょう」

卑弥呼は日向にいたが、三人の息子たちはソウル市にいた

ちなみに、前述の二つの歌は、奈良盆地に畝傍山があるため、奈良でつくったように見えますが、実際には、日向（宮崎県西都原）にいた卑弥呼が、朝鮮の帯方郡京城にいた子どもたちに危険を知らせるために詠んで急送したものです。京城（ソウル）付近にも、畝傍山があるようです。

弟君の神沼河耳命が、神武天皇から皇位を継ぐことになったのは、以上のような理由からでした。

『古事記』は、「彦八井命は、茨田《いだ》の連《むらじ》・手島の連の祖先にあたります。それから神八井耳命は、多臣《おおのおみ》・小子部の連・坂合部の連・火の君・大分の君・阿蘇の君・筑紫の三家の連・省部の造《みやつこ》・小長谷《おはせ》の造・都祁《つげ》の直《あたい》・伊予の国の造・信濃の国の造・道奥＝石城の国の造・常陸・仲の国の造・長狭の国の造・伊勢の船木の直・尾張の丹波の臣・島田の臣らの祖先にあたります」としています。

これらのことが『記紀』に書かれてあるため、従来は、いかにも奈良大和に卑弥呼の政権があり、この事件は奈良大和の地で起きたような書き方になっています。しかし、実際は九州と朝鮮あたりで起こったことなのです。

卑弥呼の三人の息子たちは、韓国のソウル辺りにいて、日向西都原にいた巫女王卑弥呼が神託（神術《かみわざ》）よってこの危機を知らせたものと思われます。

そして、義理の兄を殺すことを躊躇する長男に代わって、次男が義理の兄を殺すことにより、皇統第二代綏靖《すいぜい》天皇が誕生することになります。綏靖天皇の在位は、『日本史』では紀元前五八一～五四九年とされていますが、実際には紀元三世紀の出来事であり、神武天皇が死んだ二三四年以降に起こった事件なのです。

神武東征（実は南征）により委奴国王・大国主命は殺された

現在、邪馬台（壱）国論争などもあり、あたかも奈良大和にいわゆる〝大和朝廷政権〟があったような認識がまかり通っています。しかし、実際にはそれは明治以降に作り上げられた「話」です。そこでは、九州で起きた話を奈良大和にすり替えるべく操作が行われ、そのために消し去られてしまった歴史もたくさんありました。

九州には神武らの移住によって滅亡した政権が残され、またユダヤ系の**秦王国《しんおうこく》**が奈良大和に出現しました。その淵源は始皇帝の秦帝国ですが、その系統の者が〝筑紫大和〟から〝奈良大和〟に移動して**秦王国**（**のちの俀国《たい》**）を建てたのです。

これは、いわゆる大和政権とは違うものです。いろいろな豪族たちの勢力圏のなかに、ユダヤ系の王たちの豪邸もあったということです。

それらが皇国史観の御用学者によって、勝手気ままに改竄されているため、九州以外の各地にいわゆる「天皇陵」というものが存在します。例えば、大阪府堺市には仁徳天皇陵があるとされていますが、考古学的調査が進むにつれ、これはどうやら仁徳天皇陵ではない、ということになってきています。従来の史観では説明できないいろいろな矛盾が次第に明らかになってきて、もはや強弁できないところまで追いつめられているのです。

学校の教科書などで「天皇陵」と教えられたいろいろなお墓があるのですが、それらはすべて「**秦王国の王族のものに違いない**」と、私は思っています。先述したように、奈良盆地の天皇陵（とされている御陵）については、ある程度調べることができましたので、今後は奈良盆地以外のものについても、具体的に検証していこうと思っています。

ユダヤ系の女王卑弥呼を中心に邪馬壹国が建てられた

世上にかしましい〝邪馬壱国王卑弥呼の墓〟はどこにあるのでしょうか。「筋収縮力テスト法」で分析してみたところ、宮崎県日向の西都原古墳群の中にあることが分かりました。すなわち男狭穂塚がそれです。

この墓は、元来三世紀築造の円墳でありましたが、明治時代に〝柄鏡式前方後円墳〟ふうに改竄され、卑弥呼の遺体はどうも男狭穂塚の陪塚《ばいちょう》・一六九号墳に遷《うつ》されたようです。

ちなみに、一六九号墳からは「子持家形埴輪」などが出土しています。

しかし、それらの事実については、現在も宮内庁がすべて管理し押さえてしまっているため、われわれには内部を調査することもできません。

そのせいもあって、歴史書の中には、卑弥呼の実在を否定するようなものまであります。その代わりに、神功皇后《じんぐうこうごう》（実は仲哀《ちゅうあい》天皇の寵妃八須《やす》夫人がモデル）の「三韓征伐」という〝架空の偽史〟が創られました。さらに、ヤマトタケル命（日本武尊）など架空の人物が、あたかも「タケル族の熊襲《くまそ》（九州）退治」とか「日本武尊の東国（蝦夷《えぞ》）退治」などのような神話として描かれたりしているのです。

このように、卑弥呼を中心として築き上げられた「**邪馬壱国**」というものが、日本の歴史上から抹殺されていることは、実に憂慮すべき事態です。歴史家の鹿島昇氏は、「日本は現在に至るまで八回ほど王朝が変わっている」と主張されています。しかし、そういった議論はこれまでの日本社会では一切してはいけないとされてきたのです。

日本民族は万世一系のもとに存在する世界で唯一の国であるとされ、明治憲法において、この**神話は**「**神聖にして侵すべからざるもの**」とされてきました。これを学問的に批判でもすれば、即刻捕らえられて死刑になるということすらあったのです。そのため、これについては、はっきりとした研究をすることができず、現在に至っています。

それでも戦後になると随分変わってきましたが、これまでの〝皇国史観的歴史認識〟を根本的に改めないかぎり、なかなか「**真実の歴史**」は明らかにならないでしょう。

そういった中で非常に屈折した形で表れている一つが、

（一）邪馬壱（台）国はどこに存在したか？
（二）九州王朝（筑紫大和《やまと》）なのか、近畿王朝（奈良大和《やまと》）なのか？

といった、女王卑弥呼の王朝をめぐる〝邪馬台国論争〟ではないでしょうか。

いずれにしても、日本に朝鮮系の民族やユダヤ系の民族（公孫氏や卑弥呼の系譜）が渡来して日本の政権の中心が九州から関西に動いたということは確かです。

そのような、全体像を甦《よみがえ》らせてたどっていきますと、いきつくところはオリエント社会ということになります。そういう意味では、「バンチェン文明の移植に始まるシュメール文明」など、いわゆる「西洋史」〜「東洋史」などからきた**人類文化**のさまざまな流れの中で位置づけていかなければならないのであります。

日本人は世界中のあらゆる人たちとつながっている

医学上の観点などを含めて、日本人を解明していくと、どうやら九人の母親から生まれたといえそうです。これは、ミトコンドリアなどのDNAから浮き彫りになっています。日本人の三分の一はA型のミトコンドリアに属し、約六万年前、バイカル湖の西側辺りに誕生したと思われます。

これについては、もちろんフェニキア人およびシベリアのブリヤート人などもその流れを汲《く》んでいるわけですが、すべては一人の女性から始まっているということがいえます。これらの人々は長寿で、寒さと飢餓に強いのですが、亡くなった〝きんさんぎんさん〟などもこの系統といわれています。

これを血液型でみていくと、A型は百済、新羅、高句麗、チュルク族、B型はアングロサクソンなどの白人系、O型はアダムとイブもそうでしたが、黒人、ユダヤ人、ネアンデルタール人などが当てはまります。

鹿島曻氏や松重楊江氏は、この血液分布について、日本列島にはいろいろなものが吹き寄せられ、混合というものが行われてきたと説明しています。それを科学的にいえば、日本人というのはハイブリッド（細胞融合体）の雑種であり、そのようにいろいろなものが入ることで遺伝的にむしろ強くなっていったということです。

一般に近親結婚を繰り返していると、いろいろな問題が起きて弱くなっていきますが、日本人のようにいろいろなものが混じり合った雑種の人種というのは、文化的なパワーも強いということでしょう。

要するに、日本人とは、これまで見てきたように、世界中のあらゆる人たちとつながりがあることが分かってきています。ということは、私たち日本人は、やれ民族の違いや人種がどうのこうのといって、むきになって相手を否定する必要は全くなく、むしろ融合していくことのできる基礎的な資質を持っているといえるのです。そういうものが、私たち日本人の一人一人の血に流れているということなのです。

このように、日本人というのは、それぞれの系統的な違いを持ちながら、一つの列島のなかで、長い時間をかけてつくられてきた〝混血の民族〟であるということがいえるのではないでしょうか。

☆　☆　☆

以上、長くなったが、中原説を引用させていただいた。ちなみに、中原和人氏は生前、「国際的ウイルス研究」学界の権威としても著名であった。

第三章　『契丹北倭記』の邪馬壹国と任那

『北倭記』の宗女壱与

『洲鮮記《しゅうせんき》』（賁彌国《ひみこ》氏《し》洲鑑《しゅうかん》・フェニキア人の東洋洲史）に曰く。

「乃《すなわ》ちここに辰《しん》の墟《きょ》を訪《おとな》う。娜《だ》たるかの逸豫台米《いよとめ》、民率《たみそつ》とともに未合（みまな）と為る。空山に鵑《けん》叫んで、風江星冷たり。駕してここにその東藩《とうはん》をみるに、封焉《おおい》なる彼の丘。知らず、これ誰なるかを。行（みち）に弔人なく、秦城《しんじょう》寂として存す。ああ辰迂氏《しんうし》の殷《いん》。今将《まさ》にいづくにあらんとするや。茫々たる萬古詞綫《ばんこしせん》の感、またそぞろに真人《しんじん》（義士）の興《おこ》るを待つのみ」

〔解釈〕

「辰国の遺跡を訪ねてこの地に来た。風にも折れなんとする風情の宗女壱与《いよ》は、人民と共に宮城任那《みまな》を建てた。人なき山に鵑が叫び、風は入江をよぎって星空は冷たい。輿《こし》に駕《が》して〝かつての東大国〟を観るに、彼方の大丘には今何人があるのか。秦城の遺跡は黙して語らず、道には往古を偲ぶ弔問人も見当たらない。嗚呼！　辰迂殿の後継者たる辰王国はあとかたもなく、往時は茫々として歳月は去り、またそぞろに興国の真人（志ある義人）を待つばかりである」

『北倭記』第四十章は、「邪馬壱国の女王卑弥呼の宗女・壱与は、民を率いて任那（王城のこと）を建てた」と述べ、壱与が沖縄の狗奴《くぬ》国（長髄彦《ながすねひこ》水軍）と争ったあと、倭人系諸国の祭祀センターである任那へ遷《うつ》ったと述べている。

また、『桓檀古記』は、邪馬壱国は、日向の安羅国、熊本の多婆羅国、博多の伊都国、玄界灘の伽耶国などの連合体であるとし、「多羅（咸安・晋洲）が対馬に移り、このあと安羅が移った」と述べているから、壱与が行ったという『任那の王宮』は対馬にあったのである。

このの ち、欽明《きんめい》天皇、すなわち百済の東城王《とうせいおう》のとき、安羅王安《あん》らは百済および新羅と同盟し、高句麗と戦って戦死したが、『日本書紀』はこの安羅王安を安閑天皇と記している。したがって、皇統譜の継体・安閑・宣化の実態は大伴談・大伴金村・大伴歌のことになる。

『隋書』俀《たい》国伝の「阿毎多利思比弧《あめたりしひこ》と和歌彌多弗利《わかみたふり》」も、その正体は、この安羅王家の末裔・大伴望多《ぼうた》と大伴道足《みちたり》であった（この比定は、実は「石原道博氏の訳註書」を基にした鹿島曻の誤解だったのだが、この部分は一応このままにしておく――筆者）。

白村江の後、新羅王子であり占領軍政の長官でもあった高市皇子《たけちのみこ》の下で、九州の行政官を勤めた多治比嶋も、宣化天皇の曾孫多治比王の後裔・安羅の王族であった。

『記紀』本位の従来の日本歴史が、大物主命（公孫度《たく》）・道臣命（公孫康《こう》）・卑弥呼（神武妃ヒメタタライスズ）・壱与の王朝が、「任那官家」崩壊のとき、一時期、継体（大伴談）・安閑（大伴金村）・宣化（大伴歌）の別系王朝に乗っ取られた。だが、白村江の後、新羅（奈良朝廷）によって『記紀』が創作され、阿毎多利思比弧（大伴望多）・和歌彌多弗利（大伴道足）↓多治比嶋という「大物主・大伴氏の安羅王の系譜を百済王を天皇とする〝皇統譜〟のかげに巧みに隠そうとした」ことが判明するが、われわれは本稿のように追及して、真実の『日本旧国史』をあぶり出すことができた。

官製の日本史を本書と照合するとき、『記紀』の文言に捉われず、このようにあぶり出した内容と比較しなければ、とうてい歴史の真相に迫りえないであろう。

『契丹北倭記』は東表国（豊日国）の王をクルタシロスとしているが、東表国の王家は国史（皇統譜）の孝昭、孝安、孝霊、孝元、開化のことである。それが朝鮮史では、東表国は金官加羅と呼ばれ、その王家は金姓だが、日本史では中臣氏になっている。また、新羅金氏は旧《ふる》い中臣氏の分派だが、日本史ではなぜか蘇我氏になっている。

さらに、熊本に渡来した多婆羅国の王家は、かつてはアグリ（余《あぐり》）という姓であったが、朝鮮史では新羅の昔《セキ》氏であり、日本史では物部氏になっている。神武（高句麗王子・仇台）の扶余（夫餘）王家も、のちに多羅王家と合体して物部氏となり、共同して**百済王家**をつくったのである。

ちなみに、『和訓栞《わくんしおり》』は、次のように述べている。

「『神功紀《じんぐうき》』（神功皇后紀）に、百済を〝クダラ〟と読む、〝旧多羅の義〟なるべし。多羅は韓国の地名なり」（第一巻六五二参照）。

このように、百済の国名は「ク・タラ」で、多羅国からきたものである。このことが、従来の学者たちには、「百済は朝鮮語で**パクチエ**なのに、どうして日本語読みが**クダラ**なのか」ということが判らず、『記紀』信奉者の石頭ではどうしても理解できなかった。

戦前の「軍人勅諭《ぐんじんちょくゆ》」には、「天皇家の祖先（神武）が物部・大伴の強兵《つわもの》を率いて勝利し云々」という一節があったが、その理由は以上のとおりである。

任那の祭祀センターと「倭の大王」

先述したように、扶余王仇台である神武（帯方郡の一大率）の死後、仇台妃の公孫度《たく》の宗女、すなわち国史の大物主命の娘ヒメタタライスズは、神武の先妻・アヒラツヒメの子タギシミミの後妻になったから、『魏志』倭人伝は、大物主命の宗女を「卑弥呼」とし、タギシミミをその「男弟」と記録したことがわかる。邪馬壱国の人々は、卑弥呼が公孫氏の亡命者である事実と、中国人にバカにされる母子婚の事実を隠して、「女王が人に会わない」とか、「男弟がいる」とか言って、魏の使者の手前をつくろったのであろう。帯方郡も九州まで遠征するのは大変だから、この事実を承知の上で、馴れ合いで遠い中国の魏王をだましたのではないか。

八世紀撰上の『古事記』は、大物主命の活躍舞台を出雲として、遼東郡（南満州）や日向（実は竺紫《ちくし》・九州のこと）などの歴史を巧妙に隠しているが、『旧事紀大成経《くじき》』は、「神武が長髄彦と戦ったとき、大物主命が〃神霊〃となって天下り、神武側について支援した」ことを述べている。しかしながら、元来ヒメタタライスズは公孫度《たく》の宗女（巫女）であり、公孫康（度の長男）は大物主家の事代主命《ことしろぬしのみこと》だから、康（道臣命《みちのおみのみこと》・大物主櫛甕玉《おおものぬしくしみかたまのみこと》）が神武とともに戦ったのは当たり前のことだし、シャーマンによる祭政一致の時代に大物主命が神霊となって天下ったのも当然なのである。

また、『古事記』崇神の条には、「大物主命の子孫のオオタタネコが疫病を鎮める」くだりがあるが、『古事記』の作者太安万侶《おおのやすまろ》は、このオオタタネコの子孫と考えられる。

このように推理すると、『古事記』は海人族・大物主家の末裔によってつくられたものであり、だからこそ「『日本書紀』に存在しない〃大物主命の国譲り〃や〃鰐だまし神話〃を書き残した」と推察されるのである。

『北倭記』の第四十章には、「壱与が民を率いて任那をつくり、弁辰諸国の盟主となって、その東藩である辰（秦）韓を訪れたが、荒涼たる地には秦城があるばかりであった。このときすでに、奇子朝鮮（辰迂殷）の亡命者・辰王卓が建てた辰王国（中馬韓）は滅びていた」というくだりがある。

この「**任那**」とは、何のことであろうか。

この問題について、まず『桓檀古記』「高句麗本紀」は次のように述べる。

任那はもと対馬島の西北界にあり、北は海を隔てて治めるところ有り。國尾城という。東西に各々墟落あり、あるいは貢し、あるいは叛く。後、対馬の（南北）二島、遂に任那の制する所となる。故に、これより任那は「対馬の全称」となる。

古くより、九州と対馬は三韓分治の地にして、もと倭人のみ世居せる地にあらず。任那また分かれて三加羅となる。謂う所の加羅《から》とは首邑の称なり。これより三汗（三韓）相争い、歳久しく解けず。「佐護《さご》加羅は新羅に属し、仁位《にい》加羅は高句麗に属し、雞知《けいち》加羅は百済に属す」とはこれなり。

永楽十年、三加羅尽く我（高麗）に帰す。これより海陸の諸倭、悉く任那に投ず。各々分国として「十カ国」（玄界灘周辺の国々）を治め、号して聯政を為す。

然れども高句麗に直轄し、烈帝の命ずる所でなければ、自ら専らにすることを得ず。

これによると、「**任那**」とは、壱与が建てた倭人の祭祀センターで、それが対馬にあり、海陸の諸倭（倭人系の村邑）を統括していたことがわかる。さらに、「任那」は朝鮮半島南部の弁辰地区にあった**飛び地**としての安羅《あら》（咸安《かんあん》・晋州《チンジュ》）と多羅《たら》（全羅南道＋北道）を支配し、その東方、すなわち辰（秦）韓（慶尚北道・慶州）には、かつて秦氏がつくった秦韓があったということになる。そして、壱与が秦城を見て、**辰王卓の辰国**を追想したのは、秦城がかつて辰王が支配した弁韓・辰韓十二カ国の地にあったからである。

『宮下文書』は、「殷王（辰迂殷＝奇子朝鮮王）が滅亡後、対馬に逃れた」と述べている。ということは、日向・安羅の王女であった壱与が対馬に入って任那（祭祀センター）を建て、かつての奇子朝鮮の亡命者がいた王城の〝新主人公〟になったことを表す。

これについて、『紀』欽明天皇二十三年紀には、「新羅、任那官家を打ち滅ぼす」とあり、続いて「一本に曰く、二十一年に任那滅ぶ」という〝巷間伝説〟を記し、「（四～六世紀頃の朝鮮半島における倭人諸国）すべては任那と言い、分けては加羅《から》国（東表国の分国）、安羅《あら》国、斯《し》二岐《にき》国、多羅《たら》国、卒麻《そつま》国、古嵯《こさ》国、子他《した》国、散半下《さんはんげ》国、乞湌《こさん》国、稔礼《にれ》国という。合わせて十カ国なり」と述べている。

ちなみに、中国史にしばしば登場する倭王（倭の大王）というのは、弁辰の倭人諸国から共立された王で、この大王が住む直轄地を**任那官家**といったのである。

それゆえ、任那は邪馬壱国の後身であり、「欽明天皇紀」は、新羅に滅ぼされたときの任那が十カ国の代表者だったというのであるが、この任那は金官加羅（東表国〔豊日国〕の分国）のことだったのである。

そもそも中国史料に出てくる倭人国家とは、弁辰十二カ国のことであって、前三世紀から紀元三世紀にかけての古代に、朝鮮と九州に存在した〝水田稲作民族の国々〟すなわち委奴国、安羅国、金官加羅などの王家から、次々に**倭の大王**を共立していたのだ。

前十六世紀（＝約三千五百年前）、北九州に金属文化を伴った水田稲作文化（＝バンチェン王国の弥生文化）が伝来し、やがて日本列島および朝鮮半島全体に普及していった。従来、「東洋史の学者」はこのことを正しく理解していないため、中・韓の「古代史」が間違ったまま学校で教えられるようになった。これが中・韓両国民の〝歴史認識〟違いの根源であり、これは一日も早く是正されるべきであろう。

さらに前三世紀、辰王卓が辰韓と弁辰諸国によって共立されて中馬韓の王となったが、やがて中馬韓国が東表国（朝鮮における分国名＝狗邪韓国または金官加羅）から倭国・九州の国土を割譲させて**委奴国**を建てた。

時代は下って後漢の建武中元二年（五七年）、後漢に献使した倭面土《わめんど》国王師升《ししょう》（『後漢書』東夷伝は帥升《すいしょう》と誤って伝えているが、師升が正しい）は東表王シロスと同名だから、このときは東表国王が**倭の大王**になったらしい。すなわち、倭面土国王師升は東表国（金官加羅国）王シロスを襲名したのであろう。シロスまたは師升を共に〝統治者〟を意味する語と考えると、皇統譜の孝昭天皇の「昭」も同義となる。

「**日本史**」すなわち『記紀』の記す神武以下四人の天皇（神武→綏靖→安寧→懿徳）の系譜と、孝昭以下五人の天皇（孝昭→孝安→孝霊→孝元→開化）の系譜は、それぞれ扶余系の伊都国王家と、東表系・金官加羅国の王家のことである。『東日流《つがる》外三郡誌《そとさんぐんし》』には「孝安と長髄彦が同盟して神武と戦った」とあるから、これは対立した〝二王朝〟の系譜を〝**タテツナギ**〟にしてつくられた「**偽史**」であったと考えねばならない。

やがて「倭の大乱」の最中、公孫氏の亡命者であった女王卑弥呼とその宗女壱与が倭の大王となり、九州と朝鮮の倭人系諸国を統括した。こののち、扶余の末王依慮《いろ》の子依羅《いり》すなわち崇《す》神《じん》天皇（近肖古《きんしょうこ》王）とその孫の景行《けいこう》天皇（辰斯《しんし》王）が倭の大王となった。

下って、百済王久爾辛《くにしん》（進思《しんし》王）の娘仁徳《にんとく》が金官加羅第七代吹希《ふき》王に嫁いで、皇后位のまま倭の大王を兼務した。

このように、当時は、金官加羅と百済の複合王朝から「倭の大王」が選ばれていたのだ。これが、いわゆる五世紀の「倭の五王時代」である。

このあと、金官加羅が新羅と安羅の計画的な挟み撃ちによって滅んだ時、その王家が新羅（慶州・金城）に投降したため、倭人系諸国は伝統的な〝五加貴族会議〟を召集した。

こうして、再び卑弥呼の子孫である大伴氏の安羅王家から倭の大王が共立されることになり、継体、安閑、宣化が「倭の大王」となった。この王家は、アメタリシヒコ（大伴望多）とワカミタフリ（大伴道足）の父子まで続いたが、百済と新羅の戦いで百済と同盟し、白村江の決戦で敗れて滅んだ。

このように、卑弥呼王朝の邪馬壱国は七世紀の白村江まで続いていたのである。

ちなみに、『失われた大和のユダヤ王国』一五四頁および一六七頁以下に詳述してあるように、天智二年（六六三年）八月末、唐と新羅の連合軍（四十五万人）に倭国と百済の連合軍が敗れた**白村江**《はくすきのえ》（実は京畿道牙山湾《あさんわん》・白江《はくこう》の戦い）ののち、倭国（日本列島）は唐・新羅連合軍に占領された。やがて、朝鮮半島における戦いで、唐の派遣軍が〝統一新羅〟に敗れたため、先に引き揚げることになった唐軍司令官劉仁軌《りゅうじんき》の交代者として、新羅王子の高市皇子《たけちのみこ》が軍政長官の任に就いた。この皇子は忠清南道熊津都督府《ゆうしんととくふ》攻略軍司令官であったが、急遽、勅命（新羅文武王《ぶんぶおう》の命令）によって倭国占領軍の行政官に赴任した。この高市皇子の下で九州を治めた多治比嶋《たじひしま》は、宣化の曾孫・多治比王の子孫・安羅国の王族であった。

また、『記紀』の聖徳太子のモデルは百済王第二十七代威徳王昌《しょう》で、日本に実在した人物ではない。朝鮮半島で起こった出来事を、あたかも日本列島で起こったように書き換えて『日本史』を創ったのだが、だからといって、日本列島に縄文・弥生・古墳各時代の歴史がなかったわけではなく、いろいろな出来事があった。くわしくは、同著の一二二頁～一二五頁を参照されたい。

『記紀』の天皇陵はすべて、ユダヤ系部族の陵墓である

この後、唐に成り替わった新羅王派遣の日本総督（知太政官事）の下で『日本紀』が撰上され、さらにそれを基にして『記紀』が創られたのだが、その大掛かりな「**歴史偽造**」の過程で、約一万二千年前に始まった日本の縄文時代から、約三千五百年前に始まった弥生時代に至る〝超古代史〟はもちろんのこと、前四世紀頃に始まる『日本旧国史』『邪馬壱国史』などはすべて

破棄され、加えて、日本固有の**世界遺産**ともいうべき「古墳時代」の歴史が大きく改竄されることになった。

現在、日本の皇国史観そのままの歴史家および考古学者によって奈良大和・近畿地方の「天皇陵」とされている「御陵《みささぎ》」は、すべて天皇家のものではない。

六六三年（天智二年）の白村江の戦以前のものは、秦王国（俀《たい》国）の古代ユダヤ系部族長の墓陵であった（前著掲載の『歴代天皇陵の分析解明表』参照）。

ということは、天皇家の御墓が出来たのは、奈良王朝である新羅政権が入った六六三年以降ということになる。当時、米国のマッカーサー元帥と同じように、古代ユダヤ系レビ族の唐の将軍郭務悰（藤原鎌足のモデル）が、歴史のいたずらか、GHQ占領軍の人数と同数の二千人を引き連れて日本にやってきた。日本は占領され、日本人はおとなしくその支配を受け入れた後、史上初めて新羅系統の〝文武《もんむ》天皇の御陵《ごりょう》〟が出来た。

この時こそ、日本における歴史の大転換期であった。

この奈良時代と、それ以前の倭国史および俀《たい》国史を解明し、さらに、もう一つの転換期である奈良時代と平安時代の「日本の支配権を巡る戦」の歴史を明らかにするため、前著『日本神話と古代史の真実』が出版されたのである。

東鯷国《とうていこく》が創始した「前方後円墳」文化

前著で明らかにしたように、『日本旧国史』の〝鮭文化の国〟（当時の日本列島で毎年よく獲れていた**鮭**と、毎年収穫される水稲《すいとう》の**米**を主食とする文化圏）であった**東鯷国**《とうていこく》は、旧伊勢国王・五代目猿田彦の弟の系列が九州から東遷して建国したもので、二世紀末から三世紀にかけて支配していた近畿地方のクニであった。その王宮は「纏向《まきむく》の日代宮《ひしろのみや》」（現三輪明神／大神《おおみわ》神社）の地に置かれた。

東鯷国のユダヤ人（ガド族・イッサカル族・ゼブルン族の人々）は、中国秦帝国時代の陵墓（始皇帝を祀った驪山陵《りざんりょう》・地下宮殿などの墳墓）造りを参考にして、日本に渡来して「旧伊勢国」を建国して以来、鉄鐸・銅鐸・青銅鏡などを鋳造する「**新文化圏**」の拡大を計り、竺紫《ちくし》（九州）一円に進出した。さらにその間に、氏族《うじぞく》の長《おさ》・族長たちを葬る新しい墓陵形式「前方後円墳」を模索していた。

その研究は、旧伊勢国の滅亡による猿田彦命らの**亡命先の各地**（長門の綾羅木《あやらぎ》遺跡・讃岐の森広遺跡・纏向の日代宮遺跡の〝築造例〟など）においても続けられていたものか。これが日本国史の、いわゆる**古墳時代**・**前期**となったのであろう。

今日、世界の文化遺産といわれるエジプト王朝のピラミッド、あるいは中国の殷墟《いんきょ》遺跡や秦の始皇陵などの〝帝王陵〟に匹敵するものは、『記紀』が記す、応神・仁徳・履中の三天皇の墓陵と伝えられる、三基の巨大な「前方後円墳」であろう。

その前方後円墳の魁《さきがけ》（初期のモデル）となった〝東鯷国の古墳群〟は、日本最古の前方後円墳で、学界で纏向型前方後円墳と呼ばれている。これらユダヤ系ガド族・イッサカル族・ゼブルン族らが造った「古墳群」は、前方部が未発達（前方後円墳が完成する以前の初期形態）で、全長：後円長：前方長の比は三：二：一となっている。

ちなみに、以下の◎印が古墳時代・前期の初期段階の〝纏向型〟である。

◎纏向石塚古墳、三世紀中期　国指定史跡
◎ホケノ山古墳、三世紀中期　葺石《ふきいし》、石囲い木槨《もっかく》（棺を納める木製の小部屋）、国指定史跡
◎東田大塚古墳、三世紀中期
◎柳本大塚古墳、三世紀中期
◎纏向勝山古墳、三世紀後期
◎箸中イヅカ古墳、四世紀後期　埴輪
・メクリ一号古墳、三世紀後期　前方後円墳（この頃、ようやく完成されたものか）
・箸墓古墳、、三世紀後期　被葬者は秦人系大国主命の長男、前方後円墳、葺石
・大市墓古墳、三世紀後期　被葬者は倭迹迹日百襲《やまとととひももそ》姫命《ひめのみこと》（猿田彦五代目の娘）
・箸中ハクビ古墳、四世紀末　纏向遺跡内唯一の円筒埴輪　基底部、墳丘下層か竪穴式住居跡　一棟（布留０式期）

〔三輪山遺跡の考証〕

～「筋収縮力テスト法」の検証により判明した、わが国古墳時代・前期の歴史～

東鯷国が建てられたとき、ガド族と連合していたイッサカル族は、三輪山を中心にして定着した。筑紫の三輪（福岡県朝倉郡三輪町）から移動してきた三輪氏などであり、彼らが祭祀を担った。なお、纏向の大田地区などには大田氏系の先祖も居住した。同じく連合していたゼブルン族は、葛城などに定着した（葛城氏など）。現在の橿原考古学研究所の学者たちは「ヤマト政権初期の地＝卑弥呼の『邪馬壱国』説」などを称えているようだが、それは全くの誤りである。

東鯷国は鉄鐸・銅鐸文化の国で、水と火の祭が三輪山を中心に行われていた。猿田彦命が「われ死ねばサナエヒ（銅鐸）が鳴らん」といった『水尾《みお》神社縁起書』の故事に因んで、当時、土坑を使った祭祀が行われていて、その遺跡としては、辻・東田両地区から土坑百五十基が出土している。直径四メートルの土坑（深い穴）を湧水点まで掘削し、祭祀で使用した祭具類を投棄していたものである。

その中から、火を受けた遺物が多く出土する。この出土遺物が『延喜式』の「新嘗祭《にいなめさい》」の条に出てくる品目と一致している。また『隋書』および『後漢書』にある高句麗王朝の穀母神を祀る〝東盟祭《とうめいさい》〟の「大穴」にも類似している。

土坑四（辻地区）の側の建物跡（二間×一間）も祭祀跡と思われる。その主軸方向を東南の三輪山に向け、意識して建てられたかのようである。

三輪山は、縄文・弥生時代からの旧《ふる》い御神体で、本殿がない。縄文港川人や弥生苗族人の〝**蛇信仰**〟に彩られた「**鉄と水稲**」文化をはぐくむ聖山である。

このような古代奈良盆地に建てられたユダヤ王猿田彦らの「**東鯷国**」の実像が、白村江後の朝鮮史＝新羅史を基にして創られた『記紀』によって抹消されたため、現代日本人にとって大切な「古墳時代前期」の歴史＝纏向遺跡の真実が、「神話」からも「国史」からも失われてしまった。そのため、現代もなお、次のような「**珍説**」がマスコミに登場し、天下の「朝日新聞」紙上を賑々しく飾っている。

桃の種二千個、纏向遺跡に発見

〔魔よけ、祭祀に使用か〕

この見出しで、『朝日新聞二〇一〇・九・一八―三七面』は次のように報じている。

女王・卑弥呼《ひみこ》が治めた邪馬台国の有力候補地、奈良県桜井市の纏向《まきむく》遺跡（二世紀末～四世紀初め）で、大型建物跡そばの穴から二千個を超す桃の種が出土した＝写真、森井英二郎撮影。

市教委が十七日、発表した。桃は古代〝魔よけ〟などに使われたとされ、市教委は、「祭祀《さいし》に使った後に捨てた可能性がある」とみている。

纏向遺跡からは、昨秋、三世紀前半では最大の建物跡（東西約十二・四メートル、南北約十九・二メートル）が見つかり、卑弥呼の宮殿とみる研究者もいる。市教委は七月から、建物跡を取り囲むとみられる柵《さく》列の延長を確認するため南側を調査。その結果、建物跡の南約五メートルで、楕円《だえん》形の穴（東西約二・二メートル、南北約四・三メートル、深さ約八十センチ）が見つかり、二千個以上の桃の種（直径約二・五センチ）が埋まっているのを確認した。

竹笊《たけざる》六点（直径三十〜六十センチ）や木製の剣、故意に割られた土器片、漆塗りの弓、獣骨なども出土し、いずれも祭祀に関連するという。市教委は土器の穴からは、卑弥呼と同時代の三世紀中ごろのものとみている。桃の種は弥生や古墳時代の各地の遺跡で見つかっているが、一カ所でこれほど大量に出るのは異例。

古代中国の道教の神仙思想では、桃は不老不死や魔よけの呪力があるとされた。三世紀の中国の史書「魏志倭人伝《ぎしわじんでん》」は卑弥呼が倭国《わこく》を鬼道《きどう》（呪術）で支配したと記し、鬼道を道教とみる説もある。辰巳和弘・同志社大教授（古代学）は「卑弥呼が竹笊に桃を積み上げて祭事を行ったのではないか」と話す。（渡義人）

☆　　☆　　☆

一六三年、倭の大乱が始まり、猿田彦尊の子孫（ユダヤ南朝系）が秦人系・大国主命の委奴国（ユダヤ北朝系）に追われ、〝九州大和〟から〝奈良大和〟へ東遷して東鯷国および（新）

伊勢国を建てた（古墳時代の始まり）。

二三〇年、この東鯷国は秦人系・大国主命の子孫たち（シメオン族ら）によって再び攻め滅ぼされた。

こうして、奈良大和の地に秦王国（北朝系ユダヤ王国）が建国される。

やがてこの秦王国は、九州の「倭国」より大きい「俀《たい》国」へと発展していくのであるが、その天子・阿毎多利思北弧（アメタリシホコ）は中国『隋王朝』の天子煬帝《ようだい》に、「日出る処の天子、書を日没する処の天子に致す。恙《つつが》なきや」という国書を送って、その怒りを買った。そして従来の学説は「これは聖徳太子が送った」ものとしている。

だが、『日本書紀』は、聖徳太子を推古天皇の摂政としていて、このように〝天子対天子の国書〟という場合、代用書ということはありえないのである（国際法上の常識）。こんなことも判らなかった従来の学者たちを、何と呼べばよいのであろうか。

ちなみに、東鯷国最後の王は『紀』の兄宇迦斯《えうかし》のモデルとして登場している。だがこれは、三世紀初頭の、いわゆる「神武東征」の〝敵役《かたきやく》〟として出てくる人物であった。その真相は、二一三年、高句麗から渡来した神武らによって筑紫の委奴国が滅ぼされたのち、イスラエル北朝系大国主命の長男らが約二十年かけて奈良盆地へ亡命して、二三〇年頃、ユダヤ南朝系東鯷国のガド族らを六十七年ぶりに再攻撃し、今度は〝根絶やし〟にしようとして徹底的にやった。それを『記紀』の「神武東征」神話にすり替えて、その「兄宇迦斯退治《えうかしたいじ》物語」とした、という次第であった。

「大化改新」の虚構

鹿島曻は『歴史捏造の歴史②』の中で、次のように述べている。

大化改新のきっかけとなった入鹿殺しが、実は倭国（日本）ではなく、朝鮮で起こった事件であるということは驚くべきことである。してみると、大化二年（六四六年）のいわゆる「大化改新の詔」にしても、この内容がのちの『大宝令』を参考にして創作されたことは明らかであるが、全く架空のものではなく、そこに新羅史というモデルがあった。何故ならば、『新羅本紀』真徳二年（六四九年）の条に「はじめて中国の衣冠を用いることにした」とあって、このとき中国式の階級制度を取り入れたらしいからだ。

すなわち、「大化改新」の実態は、新羅本国の政治改革であった。

このような朝鮮半島史と『書紀』の一致は「入鹿殺し」にとどまらず、いわゆる「大和国家」の歴史書とされてきた『日本書紀』の主要部分は、朝鮮史の手のこんだ翻案にすぎない。

白村江以前、いくつかの小国家が九州と南朝鮮の両方に領土を持っていた。したがって、その頃の、朝鮮半島南部の歴史と九州の歴史は不可分のものであった。中国史は、それらの国々を弁辰諸国と書いたり、倭国と書いたりしていたのだ。

歴史家たちは『日本書紀』の史料性の限界を指摘しながらも、その舞台が日本列島であったことについては、愚かにも何ら疑いをもたなかった。『日本書紀』の舞台を奈良大和ではなく九州大和であると考える少数の学者（古田武彦ら）にしても、九州と朝鮮半島南部が一つの政治エリアであったことを認識できなかった。

☆　☆　☆

大正二年（一九一三年）、福田芳之助は自著『新羅史』で、「新羅史の毘曇《ひどん》の乱が『入鹿殺し』のモデルである」ことを解説し、『日本書紀』の「大化改新劇」が一種の芝居本、すなわち翻案偽史であったことを暴露している。次章でその経緯を述べるとしよう。

第四章　「蘇我馬子の系譜」とは何か

〝入鹿殺し事件〟は「新羅史」の〝毘曇《ひどん》の乱〟だった

善徳王十六年正月、上大等伊飡《いさん》毘曇《ひどん》、その徒党廉宗《れんそう》らと共に、「女王では国政を善くすること能《あた》わず」と称して、之を廃さんことを謀る。女王、月城に兵を屯《たむろ》して自ら守る。毘曇ら明活城に拠るも攻守十日にして解けず。一夜大星月城に落ちる。毘曇ら士卒に謂いて曰く、「吾聞く落星の下に必ず流血あり。これ女王敗衂《はいじん》の兆《きざ》しならん」と。士卒呼吼《こく》して声天地に震う。女王之を聞き恐懼《きょうく》して次を失す（気絶せり）。

ときに（花郎《ファラン》源花）金庾信《きんゆしん》、女王に見《まみ》えて曰く。「吉凶常なし。唯《ただ》、人の招く所、星辰の変更畏《おそ》るるに足らず」と。すなわち偶人《ぐうじん》を造り、火を抱かしめて、風鳶《かぜとび》に載せて之を揚げるに天に上るが如し。（すかさず）人をして言わしめて曰く、「天道は楊剛にして陰柔、人道は主君尊くして臣卑しきもの。今、毘曇ら臣の身分を以って君を謀り、下より上を犯す。これ天人共に憎むところなり。今天此れに意なく、反って星怪を主城に顕すの意は何のためなるか」と。すなわち諸将に督して急ぎ之を撃つ。毘曇ら遂に敗れて誅《ちゅう》に伏す。連座するもの三十人なり（『新羅史』）。

　以上の文章について、鹿島昇は、前記・福田説を引用して『倭と日本建国史』（新国民社）の中で次のように述べている。

「この『新羅史』の事件は、あたかも、日本の斉明女帝の時（五九二年）、大臣蘇我入鹿《そがいるか》を誅したるより二年後の記事なり。事実また頗る相似たり。新羅王子金春秋は『日本書紀』記載の中大兄皇子《なかのおおえのおうじ》にして、金庾臣は藤原鎌足のことなるか」

　われわれの周囲に、白村江以降の天皇家を生んだ**新羅王家の歴史**を知っている日本人がほとんど存在しないことは悲しむべきことである。

「毘曇《ひどん》の乱」とは、七世紀半ば新羅の善徳女王の時代（六四七年）、「新羅の大貴族伊飡毘曇《いさんひどん》が唐に唆《そそのか》されて、『女帝を廃すべし』として廉宗とともに乱を起こした。その結果、女王派の王世子で摂政でもあった金春秋と、重臣（花郎長官の）金庾信《きんゆしん》によって誅殺された」という新羅史上有名な事件である。

　ところが、この事件と日本史の入鹿殺しは、「共に政府の有力者が女帝の権力を脅かし、王子とその重臣によって誅された」という同一のパターンである。この時代の『記紀』の紀年は二年ずつさかのぼっているから、実際には同じ年に起きた事件の記録であった。

　また『日本書紀』の記述では、鎌足が中大兄皇子に近付いたきっかけは打鞠《だきゅう》であったが、

中臣鎌足は蹴鞠の会で中大兄皇子に接近した	金庾信は金春秋と自宅前で蹴鞠をした
中大兄皇子は同盟者蘇我石川麻呂の娘を娶る	金春秋は金庾信の妹を娶る
蘇我氏が皇極女帝の権力を脅かした	毘曇は唐にそそのかされ、女帝善徳を廃嫡《はいちゃく》しようとした
中大兄皇子と中臣鎌足は蘇我入鹿を謀殺した	金春秋と金庾信は毘曇を忙殺した
中大兄皇子は自ら即位せず、女帝斎明を擁立した	金春秋は自ら即位せず、女帝真徳を擁立した

表１　中臣鎌足と金庾信の比較表

『大織冠伝《だいしょくかんでん》』では蹴鞠になっている。それが新羅史にも、「金春秋は金庾信とともに蹴鞠をし、それが縁で庾信の妹を娶った」というエピソードが記されている。この二つの説話を比べると、中大兄皇子は新羅王子金春秋（のちの武烈王）であり、鎌足はその重臣（のちの大元帥）金庾信であり、皇極天皇と斉明天皇は、実は重祚《ちょうそ》（重ねて即位すること）でなく、新羅の女王善徳とその娘（女王）真徳であることが判る。

日本史で両者が重祚になったのは、第四十六代孝謙（光明皇后と百済王敬福《きょうふく》の宗女・阿倍内親王）と第四十八代称徳（同人物の女王が天皇に即位したこと）の〝**重祚先例**〟にするため、法王道鏡が歴史を改竄したからである。

ちなみに、中臣鎌足らと金庾信らを比較すると**表１**のとおりである。両事件と両当事者が一致することは、一目瞭然なのである。

このことを理解しない限り、いくら『記紀』を読んだといっても空しいのであるが、日本の歴史学者は、「日本史が朝鮮史の翻訳である」というこの冷厳な事実を、ことさら意識的に承認しようとしなかった。そして彼らは、毘曇の乱についてさえ「偶然の一致」などといって無視しているのだ。

ちなみに、蘇我入鹿《そがいるか》と伊飡毘曇《いさんひどん》が同一人物であるとして「倭国史と新羅史の両系図」を重ねると図3の〝蘇我氏系図〟のようになる。

日本では、歴史学者といっても、明治以降、伊藤憲法による南朝革命のための「天皇暗殺」隠しを目的とする権力の下で、声をそろえて「チーチーパッパ」と主張するように飼い馴らされた結果、すべてが金太郎アメのような人間複写機になり、学問奴隷になり下がってしまった。これはまさに「奴隷史学」というべきではないだろうか。

日本の歴史学者といったが、実は朝鮮の歴史学者も同工異曲であって、私はある朝鮮の作家が、金庾信と藤原鎌足を並べて書きながら、両者を別人として扱っている、朝鮮では有名な著書を見て、あきれ返ったことがある。ベストセラー作家として偉そうにしていても、実体はこんなものなのだ。

新羅史によると、毘曇の曾祖父と考えられる比智大等の娘が、百済第二十四代東城王（四七九～五〇一年）の王妃となっている。「毘曇の乱」を起こした大貴族の毘曇は、事件後、秦王国（奈良盆地の俀《たい》国）に亡命した大臣蘇我入鹿のことだから、曽祖父蘇我稲目の正体は比智である。『日本書紀』欽明紀では、稲目の娘である堅塩姫が欽明天皇の王妃となっているが、こ

図３　蘇我氏の系図

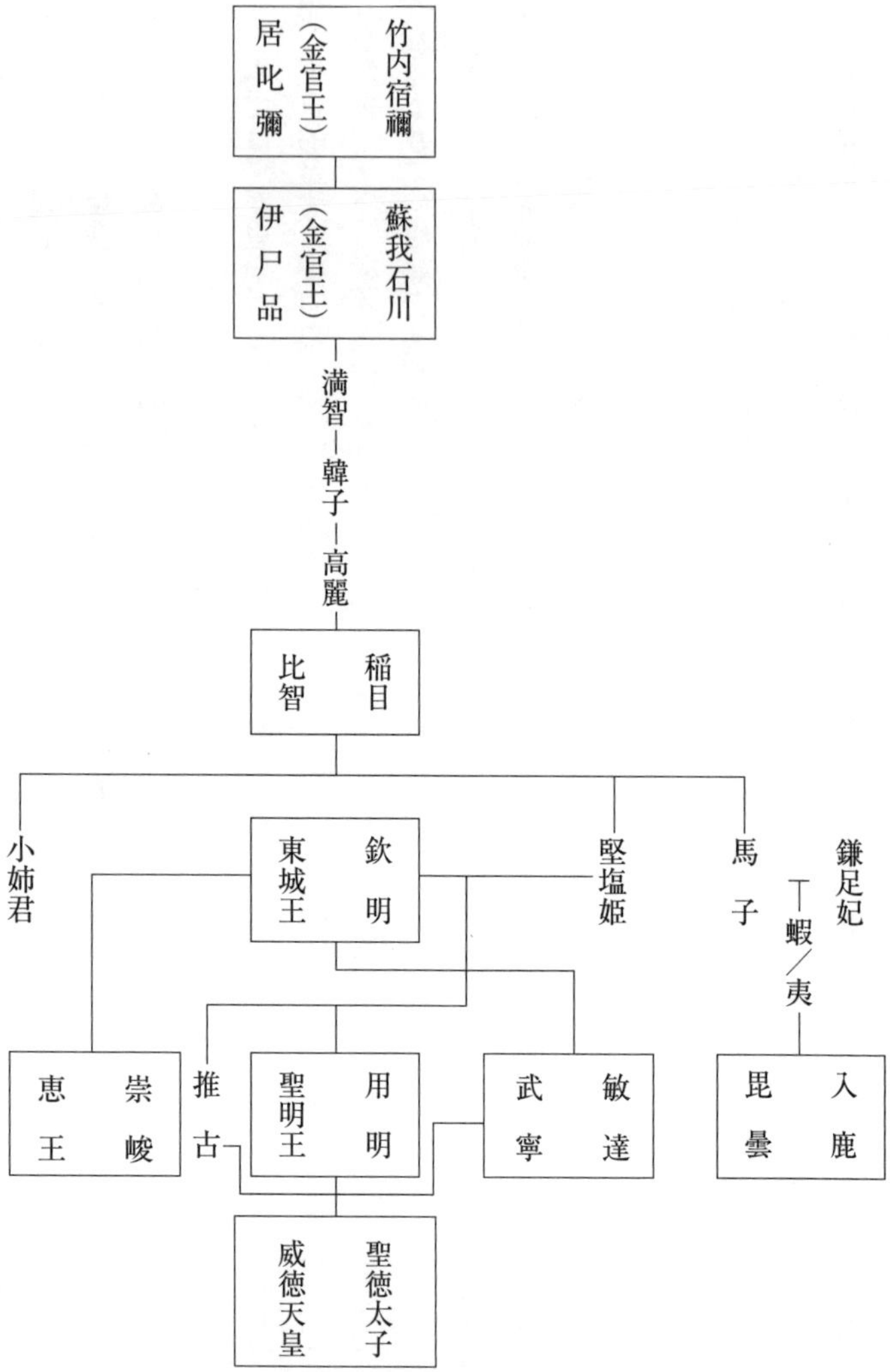
竹内宿禰
（金官王）
居叱彌
蘇我石川
（金官王）
伊尸品
満智
韓子
高麗
稲目
比智
小姉君
欽明
東城王
堅塩姫
馬子
鎌足妃
蝦夷
崇峻
恵王
推古
用明
聖明王
敏達
武寧
入鹿
昆曇
聖徳太子
威徳天皇

れは比智の娘が百済東城王の王妃になったことを、このように書き換えたにすぎない。してみると、欽明天皇の正体は実は百済の東城王である。

ここまで判ると、このあと続く、欽明の子の用明は、東城王の子の聖明王、用明天皇の子の聖徳太子は百済・威徳王昌であることも判る。

『日本書紀』は、用明天皇の御代、「蘇我馬子が倭国（実は俀《たい》国・秦王国）の大臣《おおおみ》となり、物部守屋が倭国の大連《おおむらじ》となった」と記している。この馬子（有明子《うまこ》）は、実は毘曇の祖父だから、親百済派の新羅の王族ということになる。

ところが、『書紀』用明二年（五八六年）の条では、「舎人迹見赤檮《とみのいちひ》が物部守屋を射殺した」となっている。

百済史を見ると、「聖王三年（五二五年）聖王は新羅と修好し、三十一年（五五三年）王女を新羅王に嫁がせたにもかかわらず、三十二年（五五四年）新羅を急襲すると決意し、自ら騎兵と歩兵五十を率いて夜襲したが、新羅の伏兵によって殺されてしまった」とある。

ここで、実は百済王聖明であった用明天皇が、実は新羅の王族であった馬子（有明子）を大臣にしたとあるのはおかしいのだが、『日本書紀』のオリジナルである舎人版『養老日本紀』は、この時の大王（皇帝）を新羅の真興王としたはずだから、馬子、すなわち毘曇の祖父が真興王の大臣になったと考えればおかしくはない。

のちに、百済王族の子孫である道鏡と桓武の父子が「**新百済王朝**」を建てたため、『紀』は天皇系図の一部を新羅王から百済王に変えたのであるが、このために、「新羅の重臣が百済王の大臣であった」という奇妙な歴史が創作されてしまったのである。

また、『百済本紀』で「聖明王が新羅の伏兵に殺された」ということが、『日本書紀』では「明王（聖明王）が新羅の苦都に殺された」となり、さらに「物部守屋が迹見赤檮に殺された」となっている。

これは、新羅系の舎人版『養老日本紀』では「新羅の真興王をこの時の皇帝とし、その下で百済の聖明王が殺された」という事実を、「真興王の天皇の下で物部守屋が殺された」と書いていたはずである。

それを、神護景雲年間に、法王・道鏡が『日本書紀』を「百済王がすべて倭国（日本）の天皇であった」というふうに改竄して、百済聖明王を用明天皇として「首」をすげかえ、しかもその下における物部守屋に関する記録は、急ぎ働きの時間不足で変えなかったから、結果として「聖明王の用明天皇の下で聖明王の守屋が殺された」となって、聖明王と用明天皇と守屋という〝一人三役〟が生じたのである。

ちなみに、物部氏の系図は図4のとおりである。そして、物部守屋＝用明であるとして、この前後を皇統譜に重ねると図5のようになる。

物部氏の系図を見ると、饒速日命《にぎはやひのみこと》の子が可美真手命《かみまてのみこと》になっている。それは、大物主王家の史書『秀真伝《ほつまつたえ》』に「扶余王神武が、可美真手命から物部氏の系図をもらった」とあって、実はそのためである。

『邪馬壱国興亡史』（新国民社）でも論じたように、神武の正体はのちに百済の祖王仇首となった扶余王仇台であった。仇台はかつて遼東半島で公孫度《こうそんたく》の燕王《えんおう》と同盟し、その王女を娶って〝姻戚関係〟となっていたが、公孫氏の王女は『日本国史』では神武妃ヒメタタライスズと書かれ、『魏志』倭人伝では卑弥呼になっている。

したがって、熊本にあった多婆羅国の王ニギハヤヒノミコトが十種神宝《とくさしんぽう》を神武、実は仇台に捧げたということは、王家の系図を渡したことを意味し、現代的にいえば、神武は物部家の養子になったともいえる。

ちなみに、百済の近肖古王は中国（東晋）に上奏した文の中で、「余句」と自称し、『紀』も百済の威徳王昌を「余昌」と書いている。すなわち、百済王家の姓は余（アグリ）氏だったのである。

『契丹北倭記』によれば、この姓は元来、北扶余後期王朝（濊《かい》国）と合体した濊君アグリナロシの子アグリイサシの姓「アグリ」のことであり、また、アグリイサシは北扶余の濊《かい》王になったから、「アグリ」は北扶余の王姓でもあったのだ。

ところが、『桓檀古記』によれば、神武に降伏したというニギハヤヒは、実はこの濊君《かいくん》ナロシとイサシの子孫である陜父《きょうふ》の、そのまた子孫であったという。されば、百済王・仇首すなわち神武が肖古王すなわちニギハヤヒの王統を継いだ結果として、神武がアグリ姓を継ぎ、それ

図４　物部氏系図

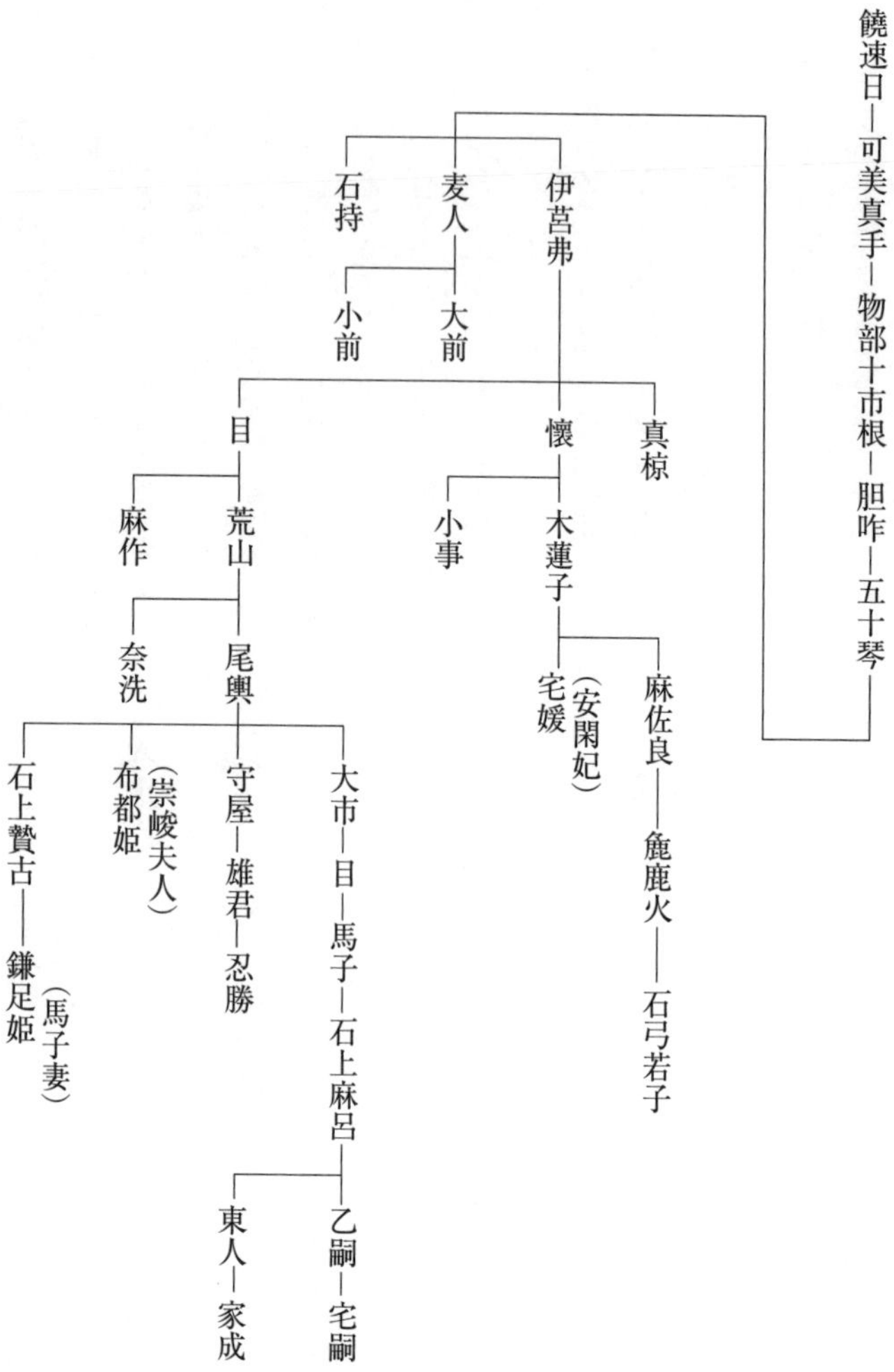
饒速日
可美真手
物部十市根
胆咋
五十琴
伊莒弗
麦人
石持
大前
小前
真椋
懐
目
木蓮子
小事
荒山
麻作
麻佐良
宅媛（安閑妃）
尾輿
奈洗
麁鹿火
石弓若子
大市
守屋
布都姫（崇峻夫人）
石上贄古
目
馬子
石上麻呂
雄君
忍勝
鎌足姫（馬子妻）
乙嗣
宅嗣
東人
家成

図5　物部氏系図

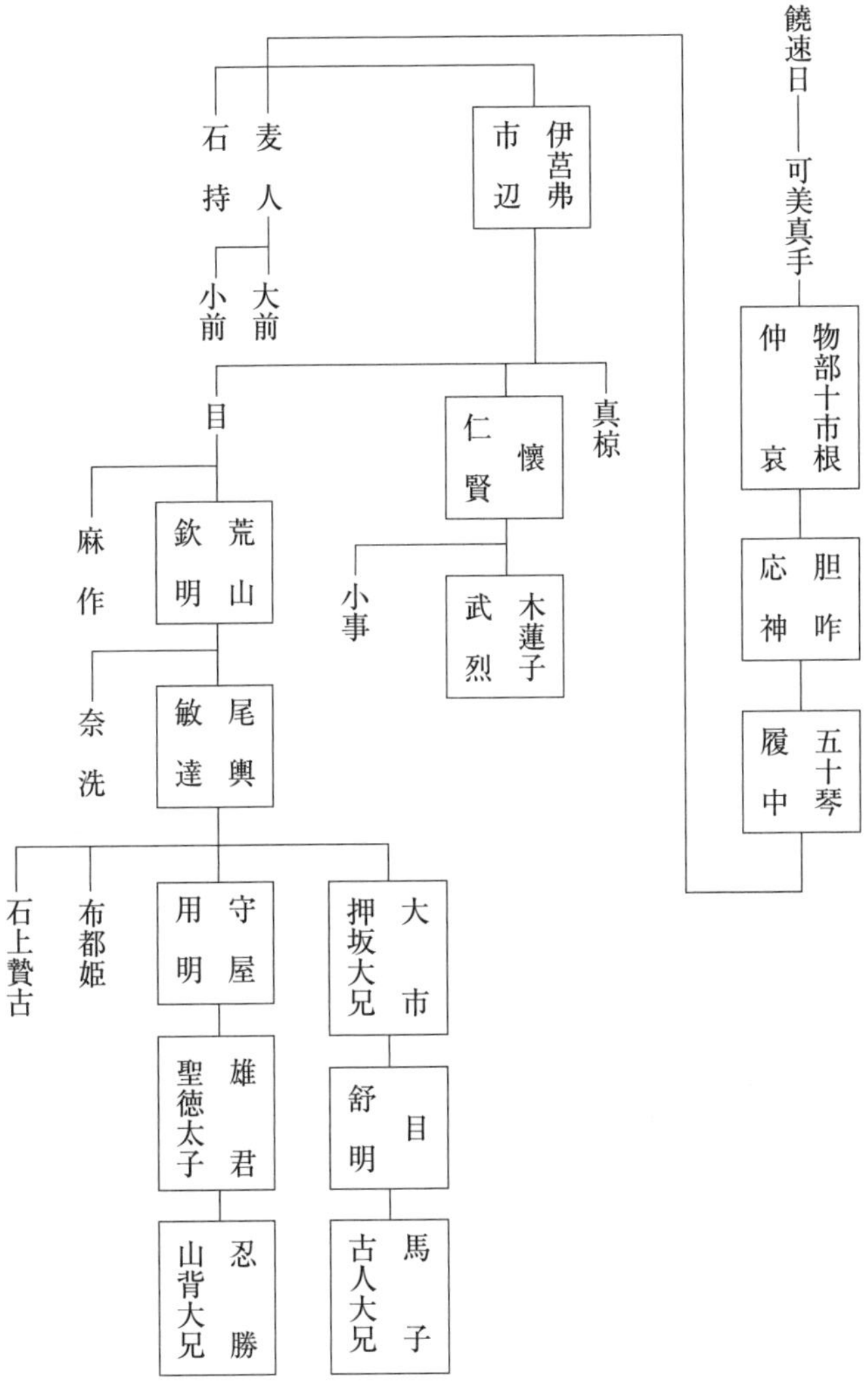
饒速日
可美真手
物部十市根
仲哀
胆咋
応神
五十琴
履中
伊莒弗
市辺
麦人
石持
大前
小前
真椋
懐
仁賢
目
木蓮子
武烈
小事
荒山
欽明
麻作
尾輿
敏達
奈洗
大市
押坂大兄
守屋
用明
布都姫
石上贄古
目
舒明
雄君
聖徳太子
馬子
古人大兄
忍勝
山背大兄

が日本史の中では、ニギハヤヒが神武に「十種の神宝」を捧げた、すなわち神武が物部氏を継いだという書き方になったのである。だから、「余」という百済の王姓とニギハヤヒの物部姓は同じ姓になる。

物部氏の系図では、皇統譜の初代神武から十三代成務までは脱落して、十四代仲哀天皇が物部十市根《といちね》になっているが、『日本書紀』は元来、神武から成務までの天皇を百済王にし、そのあと仲哀以降の天皇は新羅王にしたからであろう。

『日本書紀』の多重構造（一）

『隋書』俀国伝《たい》には、文帝の開皇二十年（六〇〇年／真平二十二年）「倭王（正しくは俀王《たい》）、姓は阿毎《あめ》、字《あだな》は多利思北弧《たりしほこ》という。阿輩鶏弥《おほきみ》と号し、使いを遣わして闕《ケツ》に詣《もう》でる」とある。現存する『日本書紀』には、この多利思北弧・タリシホコ（石原道博著『訳註中国正史日本伝』を移写してアメタリシヒコとしているのは誤訳で／正しくはアメタリシホコ）を、推古天皇の摂政であったという聖徳太子のモデルにしたいという、修史官・朝鮮系儒者の意図があった。『隋書』俀《たい》国伝をわざわざ「倭《わ》国伝」にして、アメタリシホコをアメタリシヒコと誤訳させたアカデミズムの意図は、『記紀』の基となる『朝鮮史』で聖徳太子伝説を実話の如く見せかけるため、敏達《びたつ》天皇が百済の武寧《ぶねい》王であるとして、敏達妃であった推古女帝を武寧王妃に比定したかったのであろうか。

推古の次が舒明のモデル・百済の義慈王であり、その次は皇極《こうぎょく》のモデル・新羅の善徳王である。すると、推古女帝の正体を考えるには、百済の王統譜だけでなく、新羅二十七代善徳王の前／二十六代真平王のことも勘案しなければなるまい。

真平王の王妃は金摩耶《きんまや》といい、たまたま釈迦牟尼《しゃかむに》のマヤ夫人と同名である。『養老日本紀』は、元来、唐に対して『日本史』を説明するために創られたものであるから、「中国史料」に登場する卑弥呼《ひみこ》とタリシヒコ（多利思北弧《タリシホコ》のモデル）に相当する者が登場しなければならない。しかるに、このヒミコは世上有名な公孫氏の王女であるとともに、邪馬壱国（九州・朝鮮）またはその本国であった安羅（筑紫《ちくし》および日向《ひゅうが》）の祖王であり、タリシヒコ（大伴望多）はヒミコの子孫で安羅王であった。

この安羅王家の歴史を日本史から抹殺して、新羅王配下の諸侯だったことにするのが、〝白村江の勝者〟であった新羅の一貫した政策である。そこで、『養老日本紀』は、ヒミコを神功皇后とし、タリシヒコを新羅の真平王妃金摩耶の治世における摂政として百済の威徳王昌をあげ、この「昌」を聖徳太子と命名したのである（表2参照）。

ここで考えておくべきことは、実際には皇統譜が新羅王と百済王がチャンポンになっている理由である。

理論上考えられることは、

（一）新羅王を天皇とする史書に百済王の天皇を介入させたか、

（二）または、その逆であろう。

表２　古代の天皇の比定一覧

	A	B	C
新羅王		（智証真立干22） （法興王23） （真興王24） （真智王25）	金摩耶（真平王26妃）　チ$_1$ 善徳王27　オ 真徳王28　カ 武烈王29　ヨ$_1$ 文武王30　レ
百済王		東城王24　ニ 武寧王25　ホ 聖明王26　ヘ 恵王28　ト	武寧王妃または恵王妃　チ$_2$ 威徳王27　リ$_2$ 法王29　ヌ 義慈王31　ル 孝〔義慈王王子〕　ワ 豊璋〔義慈王王子〕　ヨ$_2$ 隆〔義慈王王子〕　タ
安羅王	大伴談　イ 大伴安　ロ 大伴歌　ハ 大伴磐《（磐井ノ君）》		大伴望多《（アマタリシヒコ）》　リ$_1$ 大伴道足《（ワカミタフリ）》
天皇	継体26　イ 安閑27　ロ 宣化28　ハ	欽明29　ニ 敏達30　ホ 用命31　ヘ 崇峻32　ト	推古〔訂正〕33　チ$_1$→チ$_2$ 聖徳太子〔訂正〕　リ$_1$→リ$_2$ 山背王子　ヌ 舒明34　ル 皇極35　オ 孝徳36　ワ 斉明（天豊財）37　カ 天智〔合成〕38　ヨ$_1$＋ヨ$_2$ 弘文39　タ 天武40　レ

まず、(一)の仮定に従えば、新羅王を天皇とする史書をつくったのは、白村江の戦後、唐軍が引き揚げた後の新羅占領軍であろう。しからば、それは新羅王子舎人親王の『養老日本紀』であるべきだが、ここで新羅が作らせた日本史には、新羅の摩耶夫人を推古として、その配下に、タリシヒコ(聖徳太子のモデル)がいたとしたのであろう。

『書紀』の入鹿殺しが、新羅で起こった「毘曇の乱」を翻訳したにすぎないとすれば、表2に示すとおり、日本史における皇極天皇のモデルは新羅史の〃善ノ徳王〃であり、その配下とされている『紀』の中大兄皇子、中臣鎌足、蘇我入鹿、古人大兄の各モデル(「大化改新という創作オペラ劇」の登場人物)は、新羅の金春秋、金庾信、伊湌毘曇、廉宗らであった、ということになる。

◆表2の解説◆

ここで判ることは、表2のCゾーンにおける第三十三代から第四十代までは、新羅王と百済王が入り混じっている。すなわち、Cゾーンの推古・天智の前半・天武の皇統は新羅王の一族であって、第三十四代舒明・第三十六代孝徳・第三十八代天智の後半・第三十九代弘文がそれぞれ百済王ということである。

また、Bゾーンについては、用明天皇の時代に物部守屋が殺された事件を復元すると、聖明王の時代に聖明王が殺されたという〃おかしな寸劇〃になるが、それは、はじめに「新羅の真興王の時代に聖明王が殺された」とあったものが、のちに真興王の治世が聖明王の治世の如く書き換えられたためである。

このことを常識的に考えれば、舎人親王の『養老日本紀』は、まず新羅系の朝廷と修史官によってつくられ、第二十九代から第四十代までは新羅王を三韓と倭国を統一した支配者、すなわち皇帝であるとした。それがのちに、百済系の朝廷と修史官によって改竄され、『和銅七年紀』を参考にして、百済王子孝を第三十六代孝徳とし、同じく王子豊璋を第三十八代天智の即位前とし、王子隆を第三十九代弘文とした、という経緯が想像される。

このように推理すると、表2のCゾーン中、百済の義慈王を舒明としたのは百済系修史の結果で、舎人親王版『養老日本紀』の皇統譜には存在しなかったものであろう。

さらに、その前の推古女帝と聖徳太子についても、当初新羅系の修史の中では、新羅第三十六代真平王の王妃金摩耶が推古であり、その下に摂政としてアメタリシヒコが書かれていたに違いない。

新羅側修史の目的の一つは唐に見せるためだったから、当然、『隋書』のアメタリシヒコが登場しなければならないのである。舎人親王はこのために摩耶夫人を皇帝とし、アメタリシヒコを摂政とする歴史を創作したのである。

次に、推古と聖徳太子のモデルが、百済第二十八代恵王妃と第二十七代威徳王に変わったのは、百済王敬福《きょうふく》（初代光仁天皇）、道鏡法王・桓武天皇という百済系王朝の修史によるものだ。

従来の『記紀』によって誇張されている、聖徳太子の仏教帰依のことは、道鏡が自分を聖徳太子になぞらえ、称徳女帝を推古天皇になぞらえて『記紀』を改竄したものであろうが、道鏡は推古のモデル摩耶夫人の名がシャカの母摩耶夫人と同名であったことにも目を付けたであろう。

このことを明確にするために、もう一つ、例をあげてみよう。

『紀』用明天皇元年の条には、「蘇我馬子宿禰を大臣とし、物部弓削守屋連を大連とした」とあり、同じく二年の条には、「物部守屋は阿都（旧都）に退《しりぞ》いて兵を集め、中臣勝海《なかおみのかつみ》は守屋を助けた。そのため迹見赤檮《とみのいちい》が刀を抜いて守屋を殺した」とある。アカデミー坂本太郎ら訳《やく》の『紀』は、この迹見赤檮《とみのいちい》の名前に〈注して〉「崇峻《すしゅん》即位前紀七月条に迹見首《とみのおび》とあり、『新撰姓氏録』和泉皇別に登美首《とみのおび》がある」とする。

しかし、この事件のモデルは『三国史記』新羅本紀真興王十五年（五五四年）の条に、「真興王十五年の七月、百済王明禮が加良とともに菅山城を攻めてきた、新州の郡主金武刀が兵を率いて交戦した。この時副将の高干・都刀が急襲して百済王を殺した」とある事件で、「迹見赤檮」のモデルは実は高干の都刀である。

もっとも、『紀』はあまりにも見え透いているのも困ると考えたのか、舒明十五年紀では「明王の首を落としたのは馬飼奴《うまかいど》の苦都または谷智である」として、苦都に斬首を命じた副将都刀を隠すが如くである。

また、同じく『三国史記』百済本紀聖王（聖王の名は明禮である）三十二年（五五四年）の条にも、「七月、王は新羅を襲撃せんとして、自ら歩兵と騎兵五十を率いて夜中、狗川に到着したが、新羅の伏兵が起こって乱戦となり、王は害を受けて薨自他」とある。

先述したように、用明天皇のモデルはここで殺された聖王明《めい》であったから、『紀』の記録では、はじめ「百済の聖王が新羅の重臣である馬子と戦って殺された」というものであった。

舎人親王の『日本紀』では、「新羅の真興王の代、百済の聖王が新羅の馬子に殺された」となっていて、のちに現在の形に改竄されたのであろう。すなわち、『養老日本紀』においては、用明天皇のモデルは、百済の聖明王ではなく、新羅の真興王が皇帝であったに違いない。『養老日本紀』の編集に当った舎人親王が新羅の王族である以上、親王がつくった最初の『日本紀』には百済の聖王の用明天皇ではなく、新羅の真興王が用明皇帝として書かれていたはずではなかろうか。

しからば、『養老日本紀』には、用明の前、①敏達の王代は、新羅の法興王が、②用明の後の崇峻は、新羅の真智王が、それぞれ皇帝として書かれていたはずだ。すなわち、推古のモデルは真平王妃摩耶夫人であり、その配下にアメタリシヒコにされた威徳王の聖徳太子がいるという構造であったに違いない。

このように考えると、安羅国の王であった大伴談、大伴安、大伴歌を、それぞれ継体、安閑、宣化として天皇に仕立てたのは、太安麻呂の『和銅五年古事記』のときであろう。藤原四家の当主が相次いで死亡したのちの橘諸兄の政権下では、大伴氏、多治比氏といった安羅系の王族が重用されていたが、彼らは三人の天皇の他に、神代《かみよ》の歴史に大物主・大伴系の神話を混入した。そのとき、おそらく彼らは卑弥呼など、全面的に安羅王の系譜（邪馬壱国の歴史）を復活しようとして果たさなかったのではないか。

新羅側の舎人親王の修史においては、表2のAゾーンにおける天皇は、安羅王であった大伴談、大伴安、大伴歌の継体→安閑→宣化は仕方がないが、金官加羅の王家が末王金仇亥《まつおうきんきゅうがい》のときに滅びた後は、ただちに新羅王を皇帝にしたものであろう。

『新唐書』には「用明、また天多利思比弧という」となっているが、百済系の修史官は当初、唐に対して用明がアメタリシホコだったと説明した。そしてこののち、それではマズイと判って、百済の威徳王を聖徳太子としてアメタリシヒコに偽装させ、摩耶夫人でなく恵王妃を女帝とする、という手の込んだ処理を行ったのであろう。

次に、百済王の、東城王、武寧王、聖王、恵王を、舒明→敏達→用明→崇峻という天皇にしたのは、百済人亡命者の子孫であった道鏡が男神であった天照大神を女神にして孝謙天皇になぞらえ、自らをその弟スサノオになぞらえて、『日本書』を改竄した時代に合わせて行ったに違いあるまい。

このように考えると、現行の『日本書紀』が舎人親王の『養老日本紀』そのままであると強弁するのは、実に、従来史家の思考不在にすぎなかったのである。

『日本書紀』の多重構造（二）

物部弓削守屋が用明天皇であり、かつ百済の聖明王であったことから考えると、舎人親王はこの時の皇帝は新羅の真平王であり、その下で新羅の重臣を蘇我馬子、百済の聖明王を物部守屋と書いて、両者抗争の歴史をつくった。しかし、舎人親王の死後何らかの政治目的によって、新羅王の皇帝を百済王の天皇に書き換えた、という状況が想像できる。

同じようなことは、いわゆる「磐井《いわい》の乱」にも存在する。「磐井の乱」というのは、『日本書紀』継体二十二年十一月の条に、「大将軍・物部大連《おおむらじ》麁鹿火《あらかび》、親《みずか》ら賊の帥（ひとごのかみ）磐《いわ》井《い》と筑紫の御井郡《みいぐん》で交戦《たたか》う。旗鼓《きこ》相望み、機（はかりごと）を両《ふた》つの陣の間に定めて万死の地を避《さ》らず。遂に磐井を斬り果たして彊場《きょうじょう》を定む」とある内戦のことである。

これより先の継体二十一年六月の条は、次のようになっている。

近江毛野臣《おうみけののおみ》、衆六万を率い任那《みまな》に往《ゆ》きて、新羅に破られし南加羅、彔己呑《ろくことん》を為復し興建して、任那に合せんとする。是に筑紫国造《くにのみやつこ》磐井《いわい》、陰に叛逆を謀り、事の成り難きことを恐れて、恒《つね》に間隙《かんげき》を伺う。新羅、是を知り密かに貨賂（賄賂）を磐井の所に贈り、勧めらく「毛野臣の軍を防遏《ぼうえつ》せよ」と。

天皇、大伴大連《おおむらじ》金村《かなむら》・物部大連麁鹿火《あらかび》・許勢大臣《こせのおおおみ》男人らに詔《みことのり》して曰く、「筑紫の磐井反《そむ》き掩《おお》いて、西戎《にしえびす》の地を有《たも》つ。今誰か将たるべき者ありや」と。天皇親《みずか》ら斧鉞《ふえつ》を操《あやつ》りて大連（麁鹿火）らに授けて曰く、「長門より東をば朕制《はか》らむ。筑紫より西をば汝制《はか》れ」と。（ふりがなは筆者）

この「国造磐井」は、表3に見るとおり、実は大伴金村の子・大伴磐のことで、邪馬壱国＝安羅国の王であった。

皇国史観の学者たちが「磐井」と「磐」を同一人物であると気づかなかった、あるいは意識しながら無視したのは、実に「偽史シンジケート」への盲従、もしくは奴隷史学の所産であるが、なんとも理解に苦しむところだ。

『日本書紀』継体二十五年の条は、継体らの死因について次のように述べる。

一．或る本に曰く、天皇二十八年歳次甲寅《きのえとら》に崩ずという。而《しか》るを茲《ここ》に「二十五年歳次辛亥《かのとい》に崩ず」というは『百済本紀』を採り〝文を為す〟なり。その文に云えらく「大歳亥三月、師進みて安羅（朝鮮分国の咸安《かんあん》か）に至り、乞乇城《こつとくのさし》を本営とする。是の月に高麗その王安を殺す」と。

二．また聞く、「日本の天皇および太子、皇子とともに皆崩薨《くずれこう》ず。是《これ》に因り云えらくは、辛亥の歳は二十五年に当る。後に考えん者、よく知らんか」と。

表3　皇統譜の真実〈1〉

扶余王↓管羅王	仇台、依余、麻余、依慮、依羅
百済王	仇首⑥、沙伴⑦、比流⑪、優寿、近肖古⑬、近仇首⑭、枕流⑮、阿幸⑰、久爾辛⑲、毗⑳、蓋鹵㉑、（昆支）、文周㉒、三斤㉓、東城㉞、武寧㉕、聖㉖、※529佐平燕漢高句麗に伐たる、威徳㉗、恵㉘、（法㉙）、（武㉚）、義慈㉛、（孝）、（豊璋）、（隆）、（百済王文鏡）
天皇	神武①、綏靖②、安寧③、懿徳④、安寧、崇神⑩、垂仁⑪、（ホムツワケ）、景行⑫、成務⑬、仲哀⑭、応神⑮、履中⑰、市辺、顕宗㉓、仁賢㉔、武烈㉕、欽明㉙、敏達㉚、用明㉛、（聖徳）、崇峻㉜、山背、舒明㉞、孝徳㊱、天智㊳、弘文㊴、光仁㊾、桓武㊿
天皇	孝昭⑤、孝安⑥、孝霊⑦、孝元⑧、開花⑨、仁徳⑯、菟道、反正⑱、允恭⑲、安康⑳、雄略㉑、清寧㉒、⊙継体㉖、⊙安閑㉗、※531年男大述（オオト）25年辛亥、高句麗に伐たる、⊙宣化㉘、△皇極㉟、△斉明㊲、△天武㊵、（△高市）、△文武㊷
×新羅王統 △新羅王統	×古爾⑧、×責稽⑨、×汾西⑩、×契⑫、△善徳㉗、△真徳㉘、△文武㉚、△金霜林、△金良琳
△新羅金姓 加済王家	△閼智、△勢漢、△阿道、{△首露①、△首留}、讃※421〜425、珍※430〜438、済※451〜460、銍知⑧、興※462、武※477 478 425
安羅王家	（卑弥子）ヒメダタライスズ、（壱与）、大伴談、大伴安、大伴歌、（大伴箸 箸井君）、（大伴葛子）アマタリシヒコ※608、（大伴望多）ワカミタフリ、（大伴道足）

⊙安羅王家
×百済王家
△新羅王家
※中国史の紀年
☆百済本紀の紀年

表4　皇統譜の真実〈2〉

欠	ニギハヤヒ（物部氏の祖） 陜　父（扶余王族） 肖古王（百済五代） 含達婆（新羅姓ノ祖）
第一代	神武天皇 仇　台（扶余王夫台の子） 罽　須（高句麗十代王弟） 仇首王（百済六代）
第二代	綏靖天皇 依　余（扶余王） 沙伴王（百済七代）
第三代	安寧天皇 麻　余（扶余王） 比　流（百済十一代）
第四代	纈徳天皇 依　慮（扶余王）
第五代	孝明天皇 金閼智（新羅姓の祖）
第六代	孝安天皇 安日彦 天日矛 古爾王（百済八代）
第七代	孝霊天皇 金勢漢 責稽王（百済九代） 金阿道
第八代	孝元天皇 汾西王（百済十代） 金首留
第九代	金首露（金官加羅初代） 開化天皇 契（百済十二代） 金郁甫 金居登（金官加羅二代）
第十代	崇神天皇 依羅（扶余王依慮の子） 近肖古王（百済十三代）
第十一代	垂仁天皇 近仇首王（百済十四代）
第十二代	景行天皇 辰斯王（百済十六代）
第十三代	成務天皇 阿莘王（百済十七代）
第十四代	仲哀天皇 腆支王（百済十八代） 物部十市根
第十五代	応神天皇 久爾辛王（百済十九代） 物部胆咋
第十六代	仁徳天皇 讃（倭王） 仁徳（駕洛七代王妃） 菟道稚郎子
欠	珍（倭王）
第十七代	履中天皇 毗有王（百済二十代）

先の記述と考え合わせると、大伴磐は、継体二十一年に高句麗の遠征軍に討たれ、続いて継体二十五年には、倭大王安（安閑）、太子（宣化）、王子（狭手彦）の三人がそろって戦死したことになる。

このことは、はじめに、新羅の法興王を皇帝として、その下で安羅王らが高句麗と戦ったとする史書があった。だからこそ、この王代において、安羅王安が大伴金村と書かれたとすべきであろう。

してみると、**大伴磐**についても、舎人親王版『日本紀』の始めは「新羅法興王は、倭＋韓連合の〝皇帝〟であったが、この新羅王の下で、安羅王安閑の子・大伴磐が高句麗軍と戦って討たれた」となっていたはずである。それを後になってから、高句麗が勝ったというのでは、統一新羅にとって具合が悪いし、また安羅王の大伴談を『記紀』の継体天皇としたために、大伴磐の戦った相手が高句麗でなく、磐の父・大伴金村（安閑）ということに修史したのである。

ちなみに、『百済本紀』を引用して、『日本書紀』に「**後に考えん者、よく知らんか**」とあるのは、『書紀』のトリック性を『書紀』自身が教えるというわけで、大変興味深いものである。だが、従来の史家は、アカデミーの権威的解釈に安住して、一人としてあえてこのトリックを見破ろうとする者はいなかった。されば、われわれは、このような人たちを「奴隷史学者」と呼ぶのである。

天智天皇と藤原鎌足という「合成人格」の創作

次に、「毘曇の乱」と「入鹿殺し」を比較すると、天智天皇の前半は新羅王金春秋がモデルであり、中臣鎌足がその重臣金庾信であることが判る。しかし、現行の『日本書紀』は、天智即位前紀のモデルが、突然、百済王義慈の子豊璋《ほうしょう》に成り代わり、中臣から藤原に改姓した大織冠鎌足の後半は、百済の将軍から唐将に変身した郭務悰（ユダヤ人レビ族出身）になっている。これらのことも、当初からの修史ではなかったであろう。

『新唐書』日本伝には、「天智の子は天武である」と述べてあるが、この史料となったはずの（今は焼失した）『養老日本紀』には、天智と天武が兄弟でなく父子と書かれていたことは明らかである。このことは、第四十三代元明天皇即位の宣命《せんみょう》、すなわち『不改常典』が天智の定めた嫡出子相続の「常典」であったことからも想像できる。天智と天武が父子でなければ、『不改常典』によって相続したことにはならない。

さらに、われわれが『記紀』の多重構造による〝偽史性〟にだまされてはならないことは、次のような「失われた欠史」の〝**史実**〟であろう。

〔安曇《あずみ》比羅夫と、阿倍《あべ》比羅夫のナゾ〕

なんとも驚くべきことに、後世行われた鎌倉時代の〝**元寇焚書**〟の折、鎌倉武士の全国的決起を促す目的で〝再改竄〟された『日本書紀』の中の阿倍比羅夫は、白村江当時の新羅水軍の長官であり、白村江時の安曇比羅夫は倭国（安羅）の長官であって、互いに白村江で戦った敵（仇）同士であった、ということなのだ。

このことは、はじめ、新羅王を天皇（皇帝）とした『養老日本紀』では、「新羅の提督阿倍比羅夫が、安羅（邪馬壱国）の安曇水軍を破った」としてあったが、のちに百済王子豊璋を天皇に仕立てた『記紀』改竄の折に、安羅の提督安曇比羅夫をも官軍の長官として書き加えたため、敵味方の将軍たちが仲良く〝天智の下にいた〟ことになったのである。

こうなると、『日本書紀』はもう歴史書とはいえず、マンガ本並みというべきであろう。巷間、大本教の知恵袋・出口王仁三郎《でぐちおにざぶろう》作『霊界物語』（古史『九鬼文書《くかみもんじょ》』を引用して大衆的な「教義書」としたもの）といったところか。

ここで、「はじめはこうなっていた」というのは、①舎人親王の『養老日本紀』の時であり、二人の比羅夫がともに倭国の水軍長官になったのは、②その後の橘諸兄《たちばなもろえ》の政権下であり、百済王を追加したのは、③道鏡・桓武の父子政権下に行われた改竄によるものである。すなわち、「倭の五王」時代＝金官加羅滅亡時代までの歴史を記した『養老日本紀』には、かくの如き〝二重記述〟はなかったであろう。

多治比嶋の四男広成は、再開第二回目の遣唐使となり、帰国の後、平城京建設の造営卿となった。この工事に動員された山窩《さんか》タジヒ氏の伝承に、「土木工事の時、シラヒト（新羅人）を監督した」とあるが、それは広成が「平城京造営の時、新羅人の技術者を監督した」ということであったか。あるいは、都造りに使役された百済系の亡命者や安羅の落武者が、この後、各地に散居して山窩になったのであろう。

倭人系諸国の農民たちを強制労働に駆り立てて建設した平城京とは、朝鮮の平壌京の名を借りて命名したもので、全国の倭人たちから定期的に貢物を徴収する「新羅日本府」であった。これを「朝鮮人の宮廷」、すなわち「朝廷」と呼ばせたのである。

現代の学者（大半の大学教授）たちは、朝廷への貢物に付けられた木簡や竹簡の「荷札」が出土する度ごとに、〃鬼の首〃でも獲ったかのようにマスコミに発表しているが、これが朝鮮人による植民地支配の証拠であることにはまるで触れようともしない。そして、字句の解釈のみを「卒論」や「博士論文」の対象にして、毎年『記紀』崇拝の皇国史観タイプの教師を多数輩出している。

第五章　「奈良大和」と「万世一系」の謎

「大和」という地名と「万世一系」の系譜づくり

『記紀』に出てくる「大和《やまと》」という地名は、新羅三十代文武《ぶんぶ》王の年号「大和」からとったものである。すなわち、白村江の戦後、倭国が占領されたのちにつくられた『養老日本紀』の地名、筑紫大和の「大和《やまと》」も、奈良大和の「大和」も、ともに新羅文武王の〝年号名〟を借用した修史上の地名だった。

ちなみに、このとき、縄文時代以来の〝広い湖沼地帯〟を埋め立て、豊穣な水田稲作地帯としていた津止三毛《つとみけ》族《ぞく》（苗族《ミャオ》とアイヌ人の混血人種）の東鯷《とうてい》国と、秦《しん》王国の地に名付けられた奈良盆地の〔ナラ〕も、朝鮮語で〔クニ〕という意味であった。

唐・新羅による植民地的統治の奈良時代は、中国・朝鮮文化を移植して「日本律令国家」をつくろうとする時代であったから、新羅側は旧倭国（日本旧国）の中心勢力であった邪馬壱国（卑弥呼王朝）の歴史を抹殺して、その文化色を塗り替えることに異常に熱心であった、と思われるのである。

『日本史年表』によれば、文武《もんむ》元年（六九七年）、日本を占領した新羅文武王《ぶんぶおう》（金春秋の子・金法敏）の孫である文武《もんむ》天皇（草壁《くさかべ》皇子の子・軽皇子《かるのおうじ》）が即位したという。

この新羅王子の〝倭国天皇〟は、奈良朝廷の尚書官であり、のちに右大臣となった藤原不比《ふひ》等《と》（ユダヤ系シメオン族の族長）の言葉巧みな進言により、筑紫大和《やまと》（伊都国・博多）を都としていた九州王朝（邪馬壱国）と、奈良大和および近畿地方（旧東鯷国《とうていこく》改め秦王国）を支配していた俀《たい》国（飛鳥王朝）を併せて、それまで東アジア諸国に轟いていた〝倭国の呼称〟を「日本国」と改めさせた。

ちなみに、このとき、筑紫大和（九州）にあった豪族たちの本拠を、急遽、奈良大和（近畿地方）へ遷《うつ》し、人民も大勢強制移住させたのである（三省堂編修の『日本史年表』「大和盆地の豪族図」参照）。

さらに、持統《じとう》八年（六九四年）、筑紫都督府（占領軍行政府）を大宰府から橿原宮近くの藤原京（同「藤原京の図」参照）に遷都した。

また、新羅総督の命令で朝廷の官員を増強し、新しい条里制および新度量衡制を定め、和同開珎などの銅銭鋳造所を設置させた。加えて、全国の境界線を検地し、「五畿七道」の制を定めた（同「五畿七道の図」などを参照）。

〔平城京遷都と、「新羅系奈良朝廷」の終焉〕

和銅三年（七一〇年）、奈良大和の「平城京」に遷都し、やがて聖武天皇の盛況時代を迎えるのであるが、このような新羅王朝の**日本国支配**は、百済国第三十一代義慈王（六四一〜六六〇年）の子孫であった初代・光仁《こうにん》天皇（実は陸奥守《むつのかみ》・百済王敬福《くだらのこにきしきょうふく》）と、法王道鏡の子・桓武天皇のクーデターによって終わりを告げる。そのきっかけとなった経緯《いきさつ》を記せば、次のようになるであろう。

藤原不比等の「藤氏家伝《とうしかでん》」

新羅皇子（草壁《くさかべ》王子の子）文武《もんむ》天皇がわずか二十七歳で亡くなった後の七一三年、ユダヤ系シメオン族々長の藤原不比等は、巧妙にも文武天皇の他の配偶者から「嬪《ひん》」という称号を奪い、文武天皇の配偶者は宮子（津守氏出身の嬪妃）だけとした。

ちなみに、この宮子の実家・津守氏《つもりし》はユダヤ人ガド族の豪族で、古墳時代に幾世紀もかけて、中国→熊本、佐賀、福岡、長崎、摂津、奈良へと移動して来た「卑弥呼王朝」の流れであった。

その翌年、首皇子《おびとおうじ》（「フヒト」をもじって「オビト」と呼ばせた子）を正式な皇太子として立太子させた。そのようなシメオン族らしい策略で、宮子（実は不比等の愛妻）との間の次女・光明子《こうみょうこ》（六九四年生まれ）を、本妻・県犬養《あがたいぬかい》三千代との間に生まれた娘であると偽り、七一六年、五男首皇子（七〇一年生まれ／十五歳）の皇太子夫人（実は七歳年上の姉・光明子二十二歳）として奈良朝廷へ入内《じゅだい》させたのである。

かくして、不比等と宮子の五男である首皇子は第四十五代聖武天皇となり、その夫人となった次女の光明子は権勢比類なき光明皇后となった。

これら白村江敗戦後の歴史については、前著『日本神話と古代史の真実』に詳述してあるが、今まで国民に知らされていなかった「天皇家秘話」の真実が次々と明らかにされており、改めてその一節を述べると次のようになる。

『紀』の「光仁即位」は「井上天皇」即位のことであった

『日本書紀』は、以下のように記す。

「宝亀元年（七七〇年）八月、称徳天皇崩ず（五十三歳）。続いて、道鏡を下野《しもつけ》薬師寺別当《べっとう》に落とす。十月、白壁王《しらかべおう》即位、改元」

だが、実際には、白壁王（百済王敬福《くだらのこにきしきょうふく》と第一夫人との長男文鏡《ぶんきょう》）の妃井上《いのえ》（光明皇后と敬福の三女）が即位して井上天皇《いのえてんのう》となり、表向きには、和新笠《やまとのにいがさ》（光明皇后の次女）の子であった他戸《おさど》親王を皇太子にした。すなわち、白壁王こと、のちの光仁・内裏《だいり》天皇（宮廷内だけでの天皇代理役）は井上《いのえ》の後見御門役《みかどやく》（儒者風の呼び名）となったのである。

当時、光明皇后と百済王敬福の次女・和新笠《やまとのにいがさ》（高野《こうや》の新笠《にいがさ》）の夫は、敬福の第一夫人の子・武鏡《ぶきょう》であった。武鏡と和新笠（武鏡の第一夫人）との間に子はなく、武鏡の第二夫人（百済系）から生まれたのが他戸親王であって、和新笠はこれを自分の子としていた。

ところが、そのうちに、光明皇后の三女井上《いのえ》内親王と、世幸男《せさちお》こと白壁王文鏡（のちの光仁・内裏天皇）との間に早良《さわら》親王が生まれたのである。

法王（実際には天皇と同格）となった道鏡も、表向きは百済王敬福の子であったから、兄弟三人と姉妹三人の〝変則的な結婚〟という複雑な関係になってしまうが、これを整理すると次のようになる。

①法王・道鏡（百済王敬福の四男／七一九～七七二年）と孝謙・称徳天皇（光明皇后の長女／七一八～七七〇年）夫婦から、山部親王（のちの桓武天皇）が生まれた。
②出羽守・武鏡（百済王敬福の次男／七一二～七八七年）と**和新笠内親王**《やまとのにいがさ》（光明皇后の次女／七二二～七八九年）夫婦から、他戸親王が世に出された。
③陸奥守・文鏡（百済王敬福の長男・白壁王／七〇九～七八一年）と**井上内親王**《いのえ》（光明皇后の三女／七二四～七七五年）夫婦から、早良《さわら》親王（のちの早良天皇）が生まれた。

この三組の夫婦は、三組とも百済王の父を同じくする兄弟と、聖武朝廷の皇后である母を同じくする姉妹同士の結婚、つまり王族同士の変則的結婚であった。

この「父を同じくする兄弟と、母を同じくする姉妹による三組の夫婦」が、はからずも同族（藤原氏）間の紛争の火種となった。日本の支配者である天皇位をめぐる争いは、兄弟や姉妹の間でこそ格別に激しかったのである。

こうした系図を正しく認識しないと、この時代の歴史は絶対に理解できない。

さすがの鹿島昇もそこまではわからず、亡くなるまで痛々しいほどの試行錯誤を続けた。

鹿島昇の研究は、内外の夥しい文献渉猟が主な方法であったが、それらの文献が、意図的に偽りを記し、何次にもわたって改竄されているので、とても歯が立たなかったというのが実際のところであろう。

日本の歴史は、何百年にもわたって、きわめて優秀な東アジアの多くの頭脳が、その知力を傾けて、丁寧に丹念に改竄し続けたものである。それを、ほんのわずかなほころびから改竄があると見つけていくというのは、実に大変な作業である。

その意味では、見事に改竄した頭脳もさることながら、これはおかしいと気がついた鹿島昇も中原和人も、もうそれだけで流石《さすが》なのである。

光明天皇が見た〝真夏の夜の夢〟

さて、天平九年（七三七年）七月、光明皇后（じつは聖武天皇崩御後、直ちに後継者として即位していた光明天皇四十三歳）は、ある夜、夢を見た。それは、三人の姫（初代光仁〔内裏天皇〕＝百済王敬福との間に生まれた内親王）たちが釈迦如来像の前で舞う〝天女の舞い〟姿であった。その頃の宮廷内家族構成は、長女高野《こうや》姫（仏教用語でいう満月姫）が十九歳、次女和新笠《やまとのにいがさ》（妹の高野新笠《こうやのにいがさ》）は十五歳、三女井上《いのえ》（幼名は不明）は十三歳、いずれも美貌の内親王たちであった。

この話を聞いた吉備真備《きびのまきび》と玄昉《げんぼう》らの〝船来・新帰朝〟グループは、大仏建造計画を推進するための一案を立てた。たまたま、その頃進められていた「興福寺」西金堂《さいこんどう》の本尊釈迦如来像に随侍する〝八部衆像の目玉〟として、三面六臂の阿修羅像（現存する脱活乾漆造《だつかつかんしつづく》りの傑作）が考案されたものであろう。

光明天皇の夢を再現する「吉備真備らのプラン」は、次のようなものであった。

本尊釈迦如来像の前に現れたバラモン僧上（純血アーリアン）が、まず金鼓《きんこ》（華原磬《かげんけい》）を鳴らす。その鐘の音が鳴り止まぬうちに、三面六臂の阿修羅像が、始めは緩やかに、音楽につれて天女の舞を踊りだす。だが、しょせん、阿修羅像は天界の支配権を巡って帝釈天《たいしゃくてん》と争う宿命であったから、踊りは次第に激しさを増し、闘いの様相をおびてゆく。それにつれて、緊那《きんな》羅《ら》・迦楼羅《かるら》・沙羯羅《しゃから》・鳩槃荼《くばんだ》・乾闥婆《かんたつば》・畢婆迦羅《ひばから》・摩睺羅伽《まごらか》の〝天竜八部衆〟の面々も加わり、異相群像たちの華麗・勇壮な乱舞が仏前（神前）に奉納されていった。

この仏前（神前）への「奉納舞」は繰返し行われるようになり、日ごと夜ごと東大寺大仏開《だいぶつかい》眼供養会《げんくようえ》まで続けられ、人々の神仏信仰への関心を高めていったことであろう。

「古代朝鮮史」と新羅王の『日本紀《にほんぎ》』

〔秦帝国の秦人は、朝鮮半島に亡命した〕

前三世紀、中国大陸において、初めて統一国家をつくった秦帝国（始皇帝死後の項羽軍）の主力は、のちの契丹国または遼王国と同じように、漢民族を「とても統治できない連中だ」として、中国人を見限ってインドに転進した。このとき、洛陽にとり残された六部族の秦人たちは、遼東の奇子朝鮮（カルデア人の国）を頼り、さらに朝鮮半島に逃れて南部の秦韓地区（慶州付近）に自治区をつくった。

これらの歴史は、中国史料および日本史料には部分的に書かれているが、肝心の朝鮮史料には全く書かれていない。

朝鮮民族は、外来の人々が自国に移住した歴史や、朝鮮から出ていった人々の歴史については、昔も今も全く関心がない。朝鮮の〝大姓〟の過半数は中国からの移住者であるというのに、移住の歴史を残さない。彼らは、朝鮮の地にオロチョンとツングース（アイヌ人）を主流とする朝鮮人以外の者が生存した事実を嫌うのであろうか。あるいは、「何事も嫌なことはなかったことにする」という朝鮮人の性格によるものであろうか。

〔古代のインド・中国・朝鮮で起きたこと〕

「鉄文化」を持ってインド亜大陸に侵入したアーリア人が、ガンジス河流域に建てた国をクル国といい、インド十六王朝の一つに数えられている。

『桓檀古記』「檀君世紀」三十五世壇君沙伐《さばつ》の条は、次のように記す。

・己巳元年。甲戌六年、この歳蝗虫と大水有り。

・壬午十四年、虎、宮殿に入る。

・壬辰二十四年、大水があって山は崩壊し、谷は充填《じゅうてん》す。
・戊午五十年、帝、将・彦波弗哈《げんはふごう》を遣わし、海上の熊襲を平らげしむ。
・甲戌六十六年、帝、祖乙を遣わし、直ちに燕《えん》の都を穿索《せんさく》せるに、斉《せい》兵と臨淄《りんし》（斉の都）の南郊に戦いて捷《しょう》（勝ち）を告ぐ。
・丙子六十八年、帝崩ず。太子賣勒《ばいろく》立つ。三十六世檀君賣勒《ばいろく》（在位五十八年）丁丑元年。
・甲辰二十八年、地震があって、海溢《あふ》る。
・戊申三十二年、西村の民家の牛、八足の犢《こうし》を生む。
・辛亥三十五年、龍馬天河に出ず、背に星紋有り（吉兆の験《しるし》）。
・甲寅三十八年、陜野侯裵幣命《きょうのこうはいへいめい》を遣わし、（船団を連ね）往きて海上（の倭人ら）を討つ。十二月、三島（インドネシア諸島）悉《ことごと》く平らぐ。戊辰五十二年、帝、兵を遣わし、須臾《すゆ》の兵と燕《えん》を伐《う》たしむ。燕人急を斉《せい》に告ぐ。斉人大挙して孤竹《こちく》（遼東）に入り、我が伏兵に遇い、戦いて利あらず、和を乞《こ》いて去る。甲戌五八年、帝崩ず。太子麻勿《まこつ》立つ。

（中略）

四三世檀君勿理（在位三十六年）

庚辰元年。

乙卯三十六年、隆安《りゅうあん》（南越・広西省に遺跡あり）の猟戸于和沖《かんわちゅう》、自ら将軍と称す。忽ち民衆数万を聚《あつ》めて、西北三十六郡を陥《おと》す。帝、兵を遣わすも克《か》たず。冬、賊兵（長躯して）都城を囲みて急襲し来たる。帝、左右の宮人とともに廟社《びょうしゃ》の主を奉じ、舟（船）を浮かべて下り、海頭に行き、まもなく崩ず。
この歳、白民（伯族）城の褥薩《じょくさつ》（将軍）丘勿《きゅうこつ》、命を以って兵を興し、先ず蔵唐京に拠る。九地の師、これに従う。東西鴨緑《おうりょく》十八城、皆兵を遣わして来り援《たす》く。

〔古代朝鮮史の解説〕

甲戌六年「この歳蝗虫《いなごむし》と大水有り」の記録は、インドのクル国で有名なニチャクシャ王の治世に、象の都が蝗と洪水によって壊滅し、コーサンピーに遷都したときの記録である。この歴史はインド古代史のなかではよく識《し》られた事件だから、旧《ふる》いナーガ族の子孫であった新羅の朴氏や『桓壇古記』（李王朝初期）の編集者＝シャーマンはよく認識していたのであろう。コーサンピーはナーガ族がつくった町だと言われるから、クル国の支配層のなかにナーガ族がいたことは間違いない。

『宮下文書』では、「前八世紀頃、ウガヤ王朝と黒玉河・白玉河の月読命《つきよみのみこと》の一族および高天原《たかまがはら》惣指令の稲田雄命《いなだおのみこと》一族が同盟した」となっている。また、『契丹北倭記』によれば、「前八世紀頃、ウガヤ王朝はアッシリアと対抗していたウラルトゥ王国で、稲田雄命は、その同盟者キンメリ人（フン族）の大首長」ということになる。

クル国のニチャクシャ王は月神《げっしん》王朝とよばれ、元来、カッシュ人＝月氏の一族であったから、ウラルトゥの王ウガヤフキアエズを自分の将軍といったのであろう。

さらに、『契丹北倭記』によると、ウラルトゥ国滅亡後、ウガヤ王朝は匈奴やペルシャ人と共に、シルクロードを東に走ってモンゴルと満州に移動したことが判る。匈奴の生活はキンメリ人のように家畜を放牧することから成り立っていたが、匈奴という名前じたいがキンメリの漢訳語であった。

このように考えると、『桓檀古記』のいう檀君朝鮮とは、

・グート族のバビロン史（オリエント史）
・カッシュ人のバビロン史（フェニキア人史）
・ナーガ族のクル国史（インド史）
・ナーガ族のベトナム史（バンチェン王国史）

などを、むりやり人為的に一つの国家とみなして〝千年王国〟に仕立てたものだ、ということが判るであろう。

その後、檀君朝鮮は中国に移動し、さらに北扶余、東扶余、百済、辰韓の地にできた新羅などに継承されていく。そうすると、檀君朝鮮は最後には新羅の歴史につながるのである。それゆえ、檀君朝鮮はナーガ族主導の部分社会または宗教団体で、バンチェン国王ナーガ族の子孫であった新羅朴氏が持ち出した〝観念上の宗教国家〟だったのであろう。あるいは、ナーガ族と同盟していたインド・シャカ族の濊《かい》族、すなわち北扶余後期王朝の前史かも知れない。

北扶余の王家は、チュルク族、ナーガ族、伯族、濊族などから成り立つが、前期王朝以前の大扶余の伯族が中国史の伯夷またはウラルトゥ王家の子孫で、日本史の南朝天皇家の祖先であ

り、後期王朝の濊族がインドのシャキイ族で、その子孫がニギハヤヒノミコト、のちの新羅の王族昔氏《せきし》である。

現在、朝鮮の史家は誤って伯族と濊族を一つの民族であるといっているが、それは皇国史観にも匹敵する、朝鮮民族主義による曲解である。

このような誤解が生じ、檀君朝鮮を千年王国としたのは、八世紀、白村江以後の統一新羅が、中国史の殷や周の歴史づくりを真似て自らも千年王国たらんとした呪術的修史によるものであった。

〔秦韓人が九州へ移動した〕

前七四年頃、秦韓自治区にいたユダヤ人亡命集団六部族が再び移動をはじめ、対馬の高天原経由で九州有明海の鳥栖《とす》に上陸し、筑紫に委奴国《いどこく》（王宮は博多・比恵《ひえ》）を建て、その勢力を「吉野ヶ里」の地まで拡大した。そのことをフェニキア人（海人族）から伝え聞いた南越蒼梧《そうご》郡（広西省）の秦王（趙陀《ちょうだ》〔直径四十一センチ青銅製大鏡の墓主〕の後裔）、および彼が率いる苗《ミヤオ》族・猺《ヤオ》族（新しい弥生農民）らが合流して、秦人系大国主命（シメオン族の族長）を推戴して委奴国王とした。

〔高句麗の建国〕

前五八年、河南省南陽《ナンヤン》「宛《えん》」（製鉄基地）の徐氏《じょし》（インド十六王朝時代の陜野《きょうの》侯裵幣命《こうはいへいめい》の後裔）が北扶余（後期王朝）の濊王《かいおう》（解王）となっていた。その「後期王朝」と先住者の「前期王朝」（古代松花江《しょうかこう》湖畔の都農安／今の長春）との間に争いが起こった。その結果、前三七年、始祖王朱蒙《しゅもう》（濊王鄒牟《チュモ》・鄒蒙《しゅもう》・諡《おくりな》東明王）によって卒本《そつほん》（今の吉林省集安市）に高句麗（または高麗）が建国された。

〔濊族の知将・陜父が熊本に「多婆羅国」を建てた〕

紀元元年、その高句麗（卒本）にいた北扶余の濊王一族の知将・陜父《きょうふ》が、濊族の一部を率いて亡命し、日本海沿いに南下して対馬経由で北九州博多に上陸した。彼らは既存勢力の旧伊勢国や秦人系大国主命の委奴国《いどこく》に遠慮して、いったん、阿蘇山系（阿蘇カルストの根子岳《ねこだけ》一帯）にコロニーをつくった。さらに、陜父らは白川流域を下って熊本（肥後一円）に多婆羅国《たばらこく》を建てた。

この多婆羅国（多羅蛮のクニ）は、このあと、朝鮮半島南部（咸安《かんあん》・晋州《チンジュ》）に逆上陸して分国の多羅国《たらこく》を建てるが、その建国を直接担当したのは、朝鮮にいた扶余族のウラルトゥ人（ウガヤ王朝系の人々）であった。

なお、この旧多羅《くたら》が成長して百済《くだら》国となるのだが、のちに百済国初代王仇首《きゅうしゅ》＝神武の系譜が、倭《わ》国（俀《たい》国ではない）の天皇家につながっていくことになる。

〔饒速日命の渡来と「神武東征」〕

天皇家の祖王が神武天皇（以下神武と略す）であることは、誰でも知っている。しかし、この天皇の事績をよく調べてみると、神武が朝鮮と九州を結ぶ〝接点〟に位置することが判るのである。明治の「日本国憲法」（実は伊藤憲法）によって、天皇家が朝鮮から渡来した歴史（史実）をタブーとされた歴史学者たちは、賢明にも、神武の時代を神話として、学問の対象にすることを避けてきた。

だが、『紀』をよく読むと、神武が饒速日命《ニギハヤヒノミコト》の国土を侵略して、その地（倭国）の王になったという事実がはっきりする。

「史実」を次のように要約してみよう。

一．神武は四十五歳のとき、義兄《あに》と子どもたちを集め、「東方（実は南方）に良い国がある、かつてニギハヤヒノミコトがアメノイワ船に乗って飛び降りた地だ。あの国を奪ってわれわれの都にしよう」と言った。義兄と子どもたちは、この侵略戦争に賛成した。

二．神武軍は長髄彦《ながすねひこ》と戦った。

長髄彦は使者を遣わして、「昔、天神の子ニギハヤヒノミコトがアメノイワ船で（海を渡って）この地に来た。ミコトは私の妹三炊屋《ミカシキヤ》をめとって、宇摩志麻知《ウマシマジ》を産んだ。あなたも天神の子というが、天神の子に二種はないだろう」と言った。神武はこれに対して、「天神の子といっても多数ある。ニギハヤヒがそうだというなら、その証拠を見せろ」と答えた。

三．そこで長髄彦は、「天羽羽矢《アメノハバヤ》と歩靫《カチユギ》」を見せた。神武は、「これは本物だ」といって、持っていた同じものを見せた。そこでニギハヤヒの子・宇摩志麻知命《ウマシマジノミコト》は長髄彦を殺して（実は長髄彦グループと分かれて）帰順した。ニギハヤヒノミコトは物部氏の遠祖である。

四．神武は晩年、朝鮮と九州の領地を巡幸して国名を秋津洲《あきつしま》とした。昔、祖王イザナギノミコトが、浦安国《うらやすのくに》、細戈千足国《さほこちたるのくに》、磯輪上秀真国《いそのかみほつまのくに》と名付けた故事によるという。また、大已貴《おほなむち》命《みこと》（旧い大国主命）は「玉牆内国《たまかきのウチツクニ》」といい、ニギハヤヒノミコトは「虚空見日本国《そらみつヤマトのクニ》」と言った。

ここで問題なのは、まず（一）の神武侵略軍発進の根拠地である。

『記紀』の「神代紀」は、「一書に曰く、高皇産霊尊《たかみむすびのみこと》、真床覆衾《まとこおふすま》をニニギノミコトに着せ、天《あめの》磐戸《いわと》を引き開け、天の八重雲《やえぐも》をおし分けて地上におろし、日向・襲《そ》ノ高千穂の槵日《くしひ》（櫛日）二《ふた》上峯《かみのみね》の天浮橋《あめのうきはし》に着いた」と述べる。

そして、従来の国史はこれを根拠にして、「神武の本国は九州の日向で、神武が侵略したニギハヤヒの国は九州東方の〝近畿大和〟である」というのが、いわゆる「公式見解」であった。明治時代以後、戦前戦後を通じてアカデミーでもそのように教えている。

しかし、この解釈は、「天皇は神聖である、したがって外来者ではない」という伊藤憲法が強制したものであった。神武とニギハヤヒの両軍が見せ合った神宝が、東胡族《とうこぞく》特製の青銅の鏃《やじり》であったとすると、両者はともに朝鮮からやって来て、この鏃によって互いに扶余からの渡来者であることを確認したものに違いない。今だったら、さしずめキムチを山盛り食べてみせ、ニンニクの臭いを嗅いで確認するといったところであったろう。

『契丹北倭記』第十九章は、扶余の古都卒本《そつほん》（集安市）のことを、斐紀旦賅墜阿旻澆例《ヒキタカチアメハル》と書き、高橋空山はこの「斐」は「非文」であって「ヒウガタチホアメフル」と読み、日向高千穂クシフルの峯だとしている。

そうすると、日向の高千穂＝高天原（各部族のシャーマンが集う「和の杜《もり》」）というのは、扶余（農安→集安→平壌／古地図参照）にもあった、ということになる。

すなわち、ニギハヤヒノミコトは扶余からの第一次侵略軍であり、神武（イワレヒコ）は大物主命とともに第二次侵略軍であった、という次第となる。

以上によって、神武の本国が九州日向であり、ニギハヤヒの国が近畿大和だとする説は、『紀』が、朝鮮の地名を日本の地名に書き直したものである、と解されるのである。

〔秦王国、伊勢国、荒吐五王国の建国〕

二一三年、委奴国は高句麗（平壌《ピョンヤン》）から南下した扶余族神武らに攻められて滅亡した。遺民たちは秦人系大国主命（世襲名）の長男に率いられて亡命したが、その途中、豊前・豊後の東表国《とうひょうこく》の遺民とも合流して近畿地方へ東遷し、その地の先住者・猿田彦命らの東鯷国《とうていこく》（鮭文化の国）を滅ぼして秦《しん》王国を建てた。

『記紀』はこの「倭の大乱」および「神武東征」の後に、九州のシメオン族らが東遷して奈良盆地に建てた秦王国を「別倭のクニ」、猿田彦（ガド族）らの伊勢国（三重県）を「伊倭のクニ」、東日流《つがる》（青森県・岩手県・秋田県）の荒吐《あらと》五王国（狗奴《くぬ》国王・長髄彦《ながすねひこ》らのクニ）を「日ノ本のクニ」と記している。

現在でも、奈良、奈良井、奈良原などの地名は日本各地に残っているが、朝鮮語ではウリ、ナラ、チョンナラ、ムグンハ、カンサンの〝ナラ〟である。

このことから考えて、かつて中国大陸で秦帝国が行った中国史偽造（司馬遷の『史記』作成）の手口が日本に伝えられて、その偽造技術によって『記紀』という「日本史」がつくられたことは容易に推測できるであろう。

〔秦氏→藤原氏→『日本紀』づくり〕

江戸時代の「弾左衛門由緒書《だんさえもんゆいしょしょ》」にも述べられているが、実は「弾家《だんけ》の先祖は秦氏《はたし》であり、のちに藤原氏のなかにもぐりこんで藤原と称した」という。白丁《パクチョ》（武士《ムサ》）の姓に蛮《ばん》、車《くるま》、池《いけ》（チー）などがあって、白丁の車（チャー）氏が日本で非人頭《ひにんがしら》の車氏《くるまし》になったから、弾氏ももとは蛮氏だったのではないか。しかし、もともと蛮氏が秦氏のなかにいたのであって、その秦氏が白村江の後に藤原氏（南朝系）になったことは事実であろう。

山根キク氏は、「『古事記』編者の太安万侶《おおのやすまろ》は秦始皇帝の子孫であり、また朝鮮からの帰化人である」と述べている。すなわち、秦王国の支配者（シメオン族シャーマン）が新羅文武王

（天武天皇のモデル）の王子らと協議して、かつて古代中国史をオリエント史の借史としたように、朝鮮史を合成して古代日本史としたのであって、七二〇年（養老四年）五月、舎人《とねり》親王が撰上したという『日本紀《にほんぎ》』はこのようなものであった。

だから、日本の天皇家が「万世一系」というのはウソで、奈良時代は新羅系の天皇支配、平安時代は百済系の天皇支配の時代だったのである。

ちなみに、その後の〔万世一系の実態〕を記せば、次のようになるであろう。

◎この百済系王朝は、のちに新羅花郎の子孫である足利義満の子が第百代後小松天皇となり、妾腹の子が貞成親王となったため、再び新羅系（クシャトリア系）の足利王朝に成り変わった。その後、南北朝および戦国時代を経て、徳川幕府の江戸時代となり、鎖国政策によって長い平和社会が続いた「封建時代」を迎えていくのである。

◎この足利王朝も、幕末明治維新の際、岩倉、中山らの南朝系公卿と薩長同盟の志士による〝孝明天皇暗殺〟および〝睦仁親王暗殺〟の二度のクーデターによって、新天皇に即位したばかりの睦仁親王の身代わりとなった大室寅之祐（長州藩が匿《かくま》っていた百済系の後裔）が明治新王朝の創立者・明治天皇となった。

◎その明治王朝も、伊藤博文のつくった「千代田遊郭」（旧江戸城内に建てた華族専用の遊郭）にまつわる〝皇室秘史〟によって、大室天皇家の血統が変わることとなった。

千代田城内大奥での「皇室秘史」

明治二十一年（一八八八年）、明治天皇（実は大室寅之祐〔血液O型〕）の子を身ごもった権《ごん》典侍《てんじ》柳原愛子《なるこ》（血液BO型）は、勝子《かつこ》（昭憲皇太后・不妊症の寿栄姫《すえひめ》）に知られることを恐れて病と偽り、実家の柳原光愛邸に帰って八月三十一日に無事男児を出産した。この皇子が、のちに大正天皇（血液O型／セミノーマ・神経性のガン所有者）となった明宮《はるのみや》・嘉仁《よしひと》親王である。その公式な皇后とされている貞明《ていめい》皇后も、たまたま血液型はO型であった。

〔明治新王朝の謎にまつわる〝秘史〟〕

・明治初年、ボルネオより渡来した台湾華僑の王族、明王朝第三十代の皇女朱鄭明《しゅていめい》（血液B型）が大阪鴻池《こうのいけ》家《け》の仲介で右大臣岩倉具視《いわくらともみ》の養女となり、千代田城内の姫君となっていた。やがて嘉仁《よしひと》親王が即位したのち、その王妃は、この鄭明の名を模して貞明と名乗った。

・さて、皇女朱鄭明が旧家臣団千五百名に守られ来日し、岩倉具視の養女となったとき、血液AO型の某伯爵との間に一子をもうけている。

・昭和天皇の皇后となった良子《ながこ》さまの血液型も、たまたま昭和天皇と同じAB型である。読者の参考までに記すと、秩父宮殿下はO型、高松宮殿下もO型で、三笠宮殿下だけBO型であり、今上天皇および徳仁皇太子は共にAB型である（※以上の血液型などの秘史内容は、生体科学研究者中原和人氏の「筋収縮力テスト法」による検証で判明した「遺筆コピー」を参考にした）。

このヒロヒト皇子は、病身の大正天皇の摂政となったのち、一九二六年から一九八八年までの六十二年間、日本国の絶対君主として君臨した。この天皇は、長い間〝神として人として〟日本の支配者となり、鹿島曻が『昭和天皇の謎』（新国民社一九九四年版）で述べているように、「白人支配に抵抗した日本が〝無謀なアジア支配〟に向かった悲劇」いわゆる「十五年戦争」（および太平洋戦争）を推進した。

その結果、われわれが忘れもしないあの悲惨な**終戦日**を迎えたのであるが、敗戦直後の日本国に加えられた「内外の批判」等々に加えて、未だに米軍基地に留められる**沖縄の悲劇**などの敗戦後遺症は、すべて昭和天皇ヒロヒトの責任に帰すべきものである。

ちなみに、そもそも明治政府の「絶対権力」体制も暴力によって出来たものであるが、毎日のように往復ビンタがとんだ帝国軍隊の実情が示すとおり、天皇の権力が、このような合法的な、ゴロツキ顔負けの暴力によって維持された事実こそ日本歴史の汚点であった。

明治維新につぐ政治改革＝〝昭和維新〟とも謳われた「二・二六事件」。この事件に参加した十五人の青年将校が銃殺されたのは一九三六年七月十二日であるが、彼らは最後に皆、天皇陛下万歳を三唱したという。聞けば聞くほど、なんとも、涙が止まらないような〝純情一途〟な若者たちであった。

昭和天皇の君臨時代、筆者（八十六歳）の青春・壮年時代も同世代としてほぼ重なるので、太平洋戦争に一兵卒として参加し、戦後また経済復興に参画した社会人の一人として、この天皇に対する思い入れは愛憎相半ばしているといえるであろう。

さて、本題に戻ると――。

八世紀（七二〇年）に新羅王朝が『日本紀』をつくり、のちに百済王朝（道鏡→桓武の父子）が改竄した『日本書紀』と『古事記』が、「大物主命→道臣命と卑弥呼→安閑と宣化→阿毎多利思比弧→多治比嶋」という邪馬壱国の系譜を巧みに隠していたことが判ったが、このことは近代までも続いていて、日本の歴史は「扶余・百済系王朝」と「駕洛《から》・新羅系王朝」の〝王族交代史劇〟を「万世一系」としたものであった。

「万世一系」というのは決して血統のことではなく、神統《しんとう》（韓統《かんとう》）をいうのであるが、薩長同盟のヒットマンであった伊藤博文は、公卿岩倉具視らと謀って自分たちの天皇殺しを秘密にするために、万世一系の天皇家という欺瞞に満ちた『明治憲法』をつくって王朝交代の歴史を闇に葬ったのである。

『古事記』崇神の条は、「大物主命の子孫・オオタタネコが疫病を鎮めた」と述べるが、このことは、オオタタネコが『秀真伝』をつくることによって部族相互の抗争をやめさせた、すなわち、「いくつかの豪族たちの系図合成による妥協を成立させた」ことをいうのである。

のちに『古事記』をつくった太安万侶《おおのやすまろ》も、オオタタネコの子孫らしく、同じ技術によって修史している。ユダヤ人の王ソロモンの子孫であった大物主家は、**修史**＝系図合成のテクノクラートだったのである。また、この一族が『古事記』をつくったからこそ、『日本書紀』には存在しない「大国主命の国譲り」や「鰐だまし」などの神話が残ったのであろう。

本章では「壱与が辰（秦）韓を訪れたが、このときすでに、奇子朝鮮（辰迂殷）の亡命者辰王卓が建てた辰国（中馬韓）は滅びていた」と述べているが、すでにこのとき奇子朝鮮の人々は、秦の亡命グループが秦韓（慶州）から筑紫（博多）へ移動して「委奴国」を建てていた。やがて三世紀になると、扶余王神武と卑弥呼ら公孫氏の連合軍に追われて博多を離れ、瀬戸内海を東遷して、奈良盆地を中心に「**秦王国**」を建てたのである。

誤った歴史認識は「日中友好・日韓友好」の妨げとなる

だいたい、朝鮮の史家は「倭寇《わこう》の朝鮮侵略」などといって日本を非難するが、倭寇の主力は新興新羅の水軍であり、「統一新羅」の朴氏・昔氏・金氏はみな倭人そのものであった、という史実を忘れてはならない。

第二次世界大戦中、ソ連に抑留された江上波夫氏の「騎馬民族」説を韓流に模倣して、韓国の一部学者は「朝鮮民族はザ・バイカルにいたツングースの子孫だ」などと主張した。弥生時代以降、古代中国、満州、朝鮮半島に倭人が高い文化を植え付けていた〝史実〟、すなわち、倭人は古代の華北中原、満州、朝鮮に広く生活していたという事実を抹殺して、日本人を告発すれば愛国者になれるという、現在の「朝鮮・韓国」の現状は、まさに偽史文化の結果であり、明治時代の日本史家と同類であろう。

このような李朝時代における〝偏向儒学者〟による「歴史抹殺」と「国教放棄」の政策認識は、学校教育などで早急に猛反省すべきである。

歴史的には、明治天皇による日韓合併は〝統一新羅〟の再現であるし、明治天皇が反対したという**日清戦争**にしても、漢字文化圏の諸族（漢・韓・倭の東洋民族）を広義の漢族として、「その強兵が中原に鹿を逐《お》う」という『中国史』の伝統に叛くものではなかった。その後の**満州事変**および**日中戦争**において、日本民族が為した〝**恥ずべき行為**〟は、このとき同胞であるべき「漢・韓両民族」に対して行った、軍部による暴行と文化の破壊であり、独り善がりの蛮族的な支配であり、差別的構造の輸出であった。

そもそも**明治維新**は孝明天皇の暗殺によって始まるものであり、実態は天皇親政、建武中興再現をスローガンとする南朝の革命であった。このようなクーデター（大逆事件）を、「天皇神聖、万世一系」という〝伊藤憲法〟のもとで国民の眼から隠し通した明治時代の歴史学者が、「天皇が〝韓流の〟新羅と百済の王族であった」という日韓両国「古代史」の真相をも隠そうとしたことは当然であろう。

このような憲法によって組織された「偽史シンジケート」の本質を知らずして、明治以降の史学を考えることはできない。伊藤博文らが憲法によって天皇を神聖としたのは、自分たちが孝明天皇を暗殺した事実を隠蔽するのが目的であった。天皇殺しを免責するために、皇室に対する〝不敬罪〟を適用する「憲法」をつくったのでは、明治→大正→昭和→平成の今日に至ってもなお、**孝明天皇の呪い**が残っても仕方あるまい。

徳川氏の外交政策は、基本的には決して誤りではなく、徳川幕府が続いていたならば日清戦争も日韓合併もなかったのである。徳川家の滅亡は「カースト制と世襲制が商業資本の発展を妨げた」からであり、このことは賎民から身を興し、天下をとって士・農・工・商のカースト制を逆に強化した徳川氏の宿命であった。

これに対比して、浄土宗門徒らによる〝一向一揆〟の理想を再現し、カースト制そのものを解消しようとする西郷隆盛（マガタンシ集団の首領）らの主張に対して、伊藤博文や大久保利通などの賎民出身者が誤った「民族神聖論」によってアジア民族を賎民化し、アジア規模のカースト社会を構想したのも、徳川氏と同じような宿命であったといえよう。

幕末・孝明天皇の御代となって、長州藩と薩摩藩は、〝神頼み攘夷論〟を主張した孝明天皇の言うままに、外国艦隊相手に攘夷（下関戦争と薩英戦争）を実行したが、事敗れたため〝天皇暗殺〟に踏み切った。すなわち、ご利益がない北朝系の天皇はいらないということであったか。

明治元年、維新の成果を独り占めした薩長同盟の指導者たちが、「身代わり天皇」による新政府を東京（千代田城中）に建てるとともに、封建的抑圧からの解放を求めて**南朝革命**を推進した奇兵隊兵士たちの希望を打ち砕いて弾圧（同三年）し、最終的には、西南の役（同十年）において西郷隆盛ら薩摩隼人の反抗をも制圧した。

さらに、国民の不平不満を外征による侵略戦争へと誘導し、日清・日露戦争の成果を誇大に宣伝して、カースト制を維持する明治天皇制の確立に成功したのである。しかしながら、その裏には、「日本をアジア侵略の手先として使いきろうとする英国が、日本に火薬や軍艦を支給したからだ」というフリーメーソン野望の存在を忘れてはならない。

文明開化のかけ声によって権力を握った岩倉や伊藤たちは、自らの「北朝系天皇暗殺」を隠すため、華族制度の設立と共に歴史学の抹殺を企てるに至った。かくして、憲法に、「天皇は神聖である」として歴史学を破壊し、ただの新興宗教でしかない国家神道を日本古来のものの如く装い、それを維持するための暴力組織をつくり上げ、内にあっては弾圧と専制、外に向けては侵略と破壊という帝国主義国家を確立していったのである。

こうして、軍国日本を謳歌する天皇ヒロヒトの大正・昭和時代へと移行した。

だが、その間、宮内省やアカデミーは何をしていたのだろうか。

天皇家が朝鮮人だったといっても、日本の歴史の中で天皇が民族と文化の求心力を果たした役割は過小評価すべきではない。だが、その時々の天皇の行為に関しては常に別の選択もありえたはずである。例えば、昭和天皇治世の前半には、かつて幕府政治と変わらないような軍閥政治が行われていたが、これも天皇が軍閥の独断専行を追認したことの結果であって、天皇の追認政治が軍部の〝無謀な継戦〟を許したといえるであろう。

しかるに、すべて「ウソ」で固めた日本歴史を信じこみ、〝真実の歴史〟を学ばなかった天皇家も国民も、八世紀の「白村江の教訓」を忘却し、諸外国との連携・協調の大切さを忘れていたのだ。

その結果、天皇（皇軍）の戦は〝聖戦〟であると独断して、米英を始めとする世界中を相手に戦い、遂に「太平洋戦争」の大失敗となって無条件降伏した。

敗戦後、日米安保条約による支配下となって六十五年を過ぎた今日、平成時代になってもなお続く歴代政府「失政」の数々——これからの日本はどうなっていくのであろうか。

第二部　新説・人類進化の歴史

第一章　人類の誕生

原人（ヒト）は七十万年前、アフリカで誕生した

拙著『日本史のタブーに挑んだ男』（たま出版／二〇〇三年版）に掲載した『新説古代史年表』を再吟味し、その後、故中原和人氏の「筋収縮力テスト法」による〝検証〟と対比してみると、**『人類の進化』**の過程において、幾つかの点で重大な誤りがあることが判った。

そこで今回、その**改訂版**を作成して「鹿島史学」研究者の参考に供しようとする次第である。

さて、今から約七十万年前、**原人**（ヒト）がアフリカで生まれた。やがて彼らは、より良い環境を求めて地球上の各地に移動したが、それは「**長い旅路**」（グレート・ジャーニー）の始まりとなった。

故郷のアフリカを旅立った原人は、考古学上、ピテカントロプス（ジャワ原人）およびシナントロプス（ペキン原人）に代表される。そして、今から約七十万年前から約二十万年前まで

がホモ（ヒト）・エレックスと総称される原人たちの生存期間であった。

ただし、アフリカの原人（ヒト）の群れは、約九万年前まで生存していたことが、その後の調査で判明している。

旧人は二十万年前、スンダ亜大陸（旧インドネシア）で誕生した

原人の次に生まれた旧人（西洋人はネアンデルタール人と呼んでいる）は、約二十万年前のリス氷期初期に、スンダ亜大陸《ランド》（旧インドネシア）ジャワ島ソロ川の辺りで、ジャワ原人（ピテカントロプス・エレクトス）の群れから誕生している。

インドネシアでは**ソロ人**といわれる人々で、そこから各地に拡散して、中国では**ダーリ人**、アフリカでは**カブエ人**、ヨーロッパおよび西アジアでは**ネアンデルタール人**となった。

ちなみに、この**ソロ人**（旧人）は、一万八千年前にスンダ大陸で生まれた古モンゴロイドの**シュメール人**（「ノアの方舟伝説」を伝えた民族）と混血して**アボリジニ人**となり、一万二千年前の地球規模の「大洪水」以後、旧サフル陸棚から現在のオーストラリアに移動した。以来、その地の原住民として存続している。

新人（現代人類・クロマニヨン人など）たちの進化の流れ

約九万年前、アフリカにいた原人の群れの中から、最初の新人であるフッリ人（ネグロイド）がアフリカで誕生した。
彼ら新人（現代人類・クロマニヨン人など）の群れは、しばらくして世界中に広がったが、各地に分散する過程で次のように分化した。

ネグロイド……黒人系。フッリ人（クロマニヨンを含む）、エジプト人、メルッハ人、ドラヴィダ人、エチオピア人、バリー人
古モンゴロイド……黄色人種系。プロト（原）マレー人、ネグリト人（低身長族）、シュメール人、ワジャック人
新モンゴロイド……黄色人種系。ヒッタイト人、ヒクソス人、チュクル人、チュルク族、エブス人、ユダヤ人、オロッコ人、苗族、港川人
コーカソイド……白人系。スラブ人、ゲルマン人、アングロ＝サクソン人、アーリア人、フランク人（フランス人）など

※新人たちの〝進化の流れ〟は、前掲『日本神話と古代史の真実』一五五頁以下に詳述してあ

るので、ご面倒でも今一度、お目を通していただきたい。
※新人の進化・展開図については、拙著『倭人のルーツの謎を追う』掲載の地図および「人類進化の展開図」を参考にされたい。

さて、中原和人氏亡き後に、これらの「展開図」（図6参照）を〝熟慮・類推〟してみると、約六万年前にフッリ人の系統から生まれた**ドラヴィダ人**（血液O型／成人T細胞白血病ウイルス〔ATLV-1〕の保有者）が〝倭人のルーツ〟ではないかと推考されるのである。

これについて中原氏は、『封印された古代日本のユダヤ』（たま出版）の中で、「**日本人は、世界中のあらゆる人たちとつながっている**」という見出しで、次のように論じている。

医学上の観点なども含めて、日本人を解明していくと、どうやら九人の母親から生まれたといえそうです。これは、ミトコンドリアなどのDNAから浮き彫りになっています。日本人の三分の一はA型のミトコンドリアに属し、六万年前にバイカル湖の西側あたりに誕生したと思われます。

これについては、もちろん（後の新モンゴロイド・エブス人＝）フェニキア人およびシベリアのブリヤート人などもその流れを汲んでいるわけですが、すべては一人の女性から始まっているということがいえます。これらの人々は長寿で寒さと飢餓に強いのですが、亡くなった金さん・銀さんなどもこの系統と云われています。

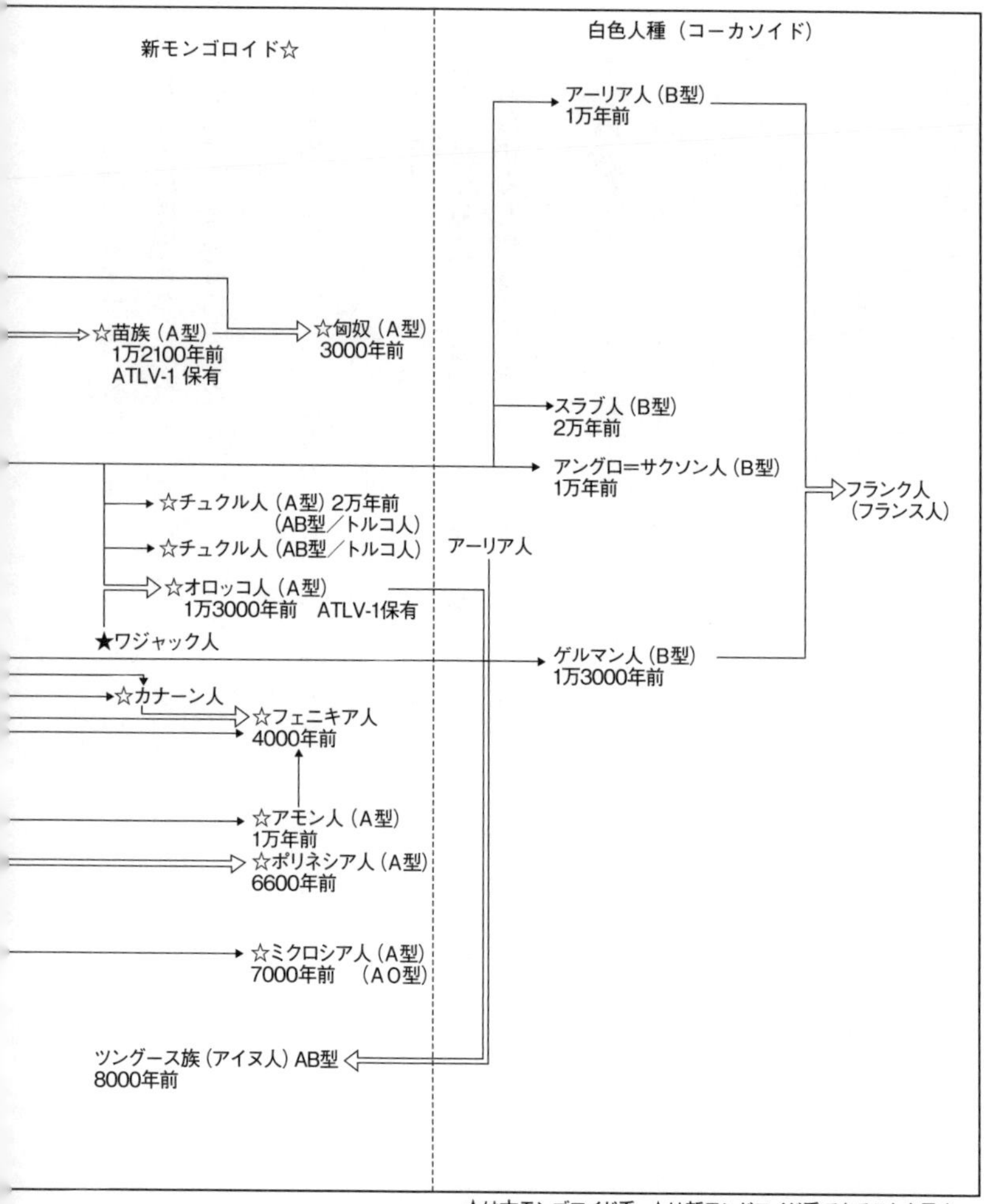
新モンゴロイド☆
白色人種（コーカソイド）
アーリア人（B型）
1万年前
☆苗族（A型）
1万2100年前
ATLV-1 保有
☆匈奴（A型）
3000年前
スラブ人（B型）
2万年前
アングロ＝サクソン人（B型）
1万年前
フランク人
（フランス人）
☆チュクル人（A型）2万年前
（AB型／トルコ人）
☆チュクル人（AB型／トルコ人）
アーリア人
☆オロッコ人（A型）
1万3000年前　ATLV-1保有
★ワジャック人
ゲルマン人（B型）
1万3000年前
☆カナーン人
☆フェニキア人
4000年前
☆アモン人（A型）
1万年前
☆ポリネシア人（A型）
6600年前
☆ミクロシア人（A型）
7000年前　（A O型）
ツングース族（アイヌ人）AB型
8000年前
★は古モンゴロイド系、☆は新モンドロイド系であることを示す。

図6　新人の進化・展開図

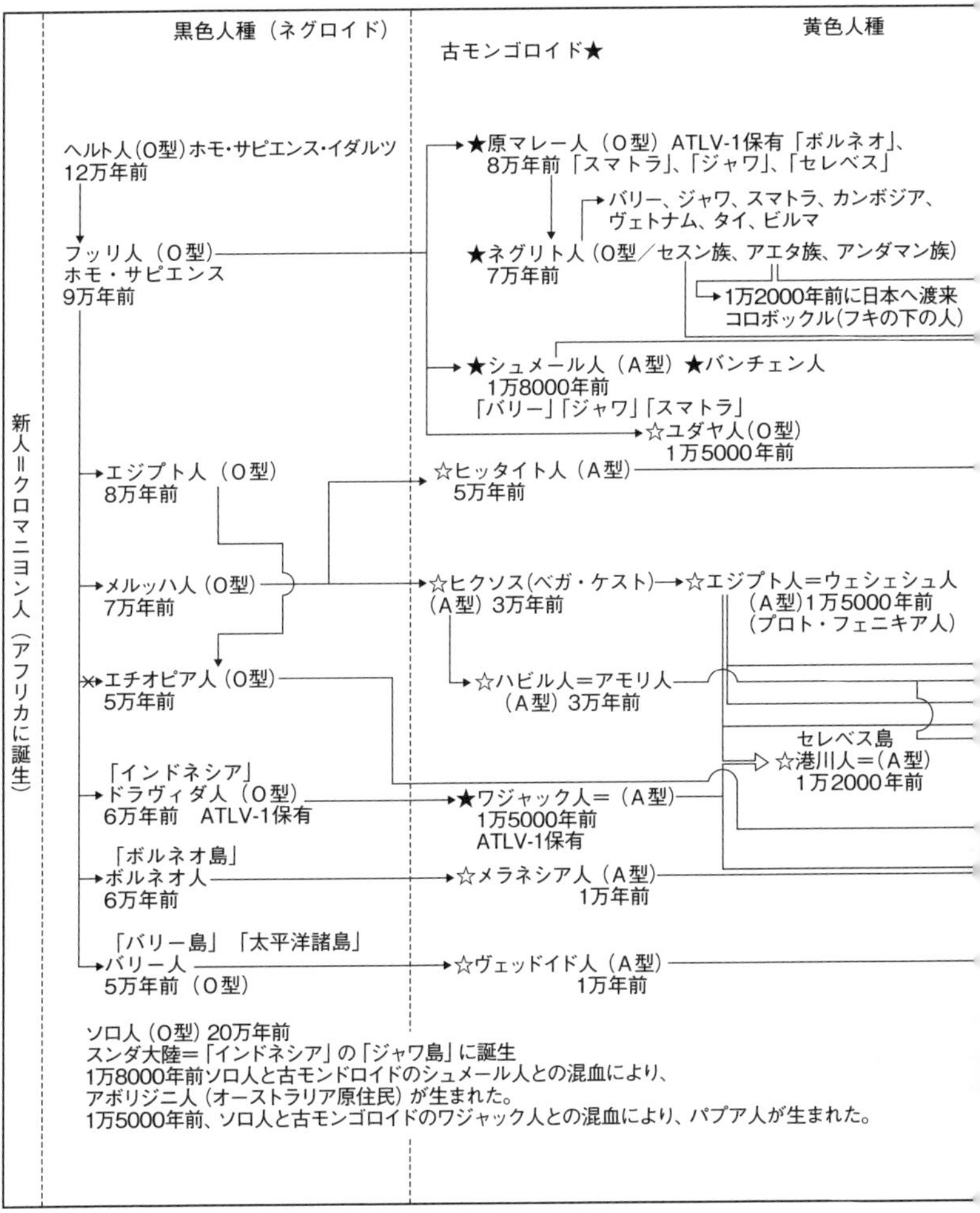
黒色人種（ネグロイド）
黄色人種
古モンゴロイド★
新人＝クロマニヨン人（アフリカに誕生）
ヘルト人（O型）ホモ・サピエンス・イダルツ
12万年前
フッリ人（O型）
ホモ・サピエンス
9万年前
★原マレー人（O型）ATLV-1保有「ボルネオ」、
8万年前「スマトラ」、「ジャワ」、「セレベス」
バリー、ジャワ、スマトラ、カンボジア、
ヴェトナム、タイ、ビルマ
★ネグリト人（O型／セスン族、アエタ族、アンダマン族）
7万年前
1万2000年前に日本へ渡来
コロボックル（フキの下の人）
★シュメール人（A型）★バンチェン人
1万8000年前
「バリー」「ジャワ」「スマトラ」
☆ユダヤ人（O型）
1万5000年前
エジプト人（O型）
8万年前
☆ヒッタイト人（A型）
5万年前
メルッハ人（O型）
7万年前
☆ヒクソス（ベガ・ケスト）
（A型）3万年前
☆エジプト人＝ウェシェシュ人
（A型）1万5000年前
（プロト・フェニキア人）
エチオピア人（O型）
5万年前
☆ハビル人＝アモリ人
（A型）3万年前
セレベス島
☆港川人＝（A型）
1万2000年前
「インドネシア」
ドラヴィダ人（O型）
6万年前　ATLV-1保有
★ワジャック人＝（A型）
1万5000年前
ATLV-1保有
「ボルネオ島」
ボルネオ人
6万年前
☆メラネシア人（A型）
1万年前
「バリー島」「太平洋諸島」
バリー人
5万年前（O型）
☆ヴェッドイド人（A型）
1万年前
ソロ人（O型）20万年前
スンダ大陸＝「インドネシア」の「ジャワ島」に誕生
1万8000年前ソロ人と古モンドロイドのシュメール人との混血により、
アボリジニ人（オーストラリア原住民）が生まれた。
1万5000年前、ソロ人と古モンゴロイドのワジャック人との混血により、パプア人が生まれた。

これを血液型でみていくと、A型は百済、新羅、高句麗、チュルク族、B型はアングロ＝サクソンなどの白人系、O型はアダムとイブもそうでしたが、黒人、ユダヤ人、ネアンデルタール人などが当てはまります。

先にも述べましたが、鹿島曻氏や松重楊江氏は、この血液分布について、日本列島にはいろいろなものが吹き寄せられ、〝混合〟というものが行われてきたと説明しています。それを科学的にいえば、日本人というのはハイブリッドの雑種であり、そのようにいろいろなものが入ることで遺伝的にむしろ強くなっていったということです。

一般に、近親結婚を繰り返していると、いろいろな問題が起きて弱くなっていきますが、日本人のようにいろいろなものが混じり合った雑種の人種というのは、パワーも強いということでしょう。

☆　　☆　　☆

続いて、中原氏は次のように述べている（※以下の「小見出し」は、読者の便宜のため筆者がつけた）。

旧人（ソロ人・ネアンデルタール人）が移動を開始した

約二十万年前に始まったリス氷期が終わり、次の暖期を迎えた十万年前ごろ、スンダ亜大陸の旧人（ソロ人）が海水温の上昇による**地球温暖化**のため移動を開始し、旧**石器文化**を持って北上したグループは黄河流域周辺に群れをつくり、**ダーリ人**として非定住の狩猟・採集生活を営むようになりました。そのころの黄河は汚染されていない大河で、水量や支流も多く、森林や自然も豊かであったことでしょう。

ダーリ人は群れを成して大型獣を追い、旧石器文化によって生活していたようです。

新人の進化

やがて七万年前頃になるとビュルム氷期が始まり、気候も次第に寒冷化していきました。

従来の考古学界や医学界では、アフリカに最初の新人が出現し、人類を一人の母に還元できるという話がまかり通っています。それもたしかに一理ありますが、それでもってすべてを説明するのは無理があるように思われます。

というのも、オーストラリアの原住民（アボリジニ人）のように、現代人とは言いきれない人類が現存しているからです。私は、アボリジニ人は、旧人（ネアンデルタール人）とシュメール人（古モンゴロイド）との混血であるとみています。

人類最初の血液型はネグロイド（黒人）系のO型であり、そこからモンゴロイド系のA型やコーカソイド系のB型が出現しました。

ユダヤ系は本来モンゴロイド（A型）の系統ですが、血液型では突然変異によるネグロイド（黒人系）と同じO型となり、コーカソイド（白人）系は大半がB型となり、ツングース系（アイヌ人）は基本的にはＡＢ型となっています。

ＡＯ型とＡ型とＢ型が順次混血していくと、ＡＡ型、ＡＢ型、ＡＯ型、ＢＯ型となります。ただし、Ａ型とＯ型の混血の場合は、人類最初の血液型であるＯ型が消されていく**劣性遺伝**ということから、人類の進化とともに、「血液型にも〝進化の跡〟が見られる」ということが言えるのです。

エジプト人、プロト・マレー人、ネグリト人

約九万年前に誕生した最初の現代人類は、黒色人種のフッリ人です。血液はＯ型で、エチオピア人、メルッハ人、ドラヴィダ人などの黒色人種が生まれました。この「血液Ｏ型」系統から、次の民族が生まれました。

・約八万年前　ネグロイドのエジプト人（Ｏ型）がナイル河上流域で誕生
・約八万年前　古モンゴロイドのプロト・マレー人（Ａ型）がスンダ大陸で誕生
・約七万年前　古モンゴロイドのネグリト人（Ａ型）がスンダ大陸で誕生
（ネグリト人の中に、低身長族のアエタ族、セスン族、アンダマン族などがある）
・約七万年前　ネグロイドのメルッハ人（Ｏ型）がアラビア半島で誕生
・約六万年前　ネグロイドのドラヴィダ人（Ｏ型）がスンダ大陸で誕生

・約五万年前　ネグロイドのエチオピア人（O型）がナイル河上流域で誕生
・約五万年前　新モンゴロイドのヒッタイト人（O型）がアラビア半島で誕生

☆　☆　☆

ドラヴィダ人の「旧石器文化」

六万年前頃になると、スンダランド（マレー海域）で生まれた**ドラヴィダ人**が北上を開始。**旧石器文化**を持って各地にコロニーをつくりはじめ、シベリア・バイカル湖の西側（今のイルクーツク市周辺）で定住するようになった。

約五万年前にインドネシアのバリー島で誕生したバリー人も、旧石器文化の担い手としてスンダ亜大陸に拡散していった。

旧ソ連学者の研究によれば、「三万五千年前のバイカル湖西岸・旧石器時代の遺跡には熊と亀のトーテムが描かれている」という。熊はフッリ人（クロマニヨン）を表し、亀は**原マレー人**（古モンゴロイド・のちのカッシート人）を表したものか。いずれも**祖先崇拝**のシャーマン的表現の起こりであろう。

旧人ダーリ人の群れと、ネグロイド系のドラヴィダ人の群れがアムール河（黒竜江）上流域で出会い、互いに接触して文化交流したのは、いつ頃のことであろうか。古代史研究のうえで、考古学上、興味の尽きないところである。

約二万年前、日本はユーラシア大陸の〝日本半島〟であった

約七万年前に始まった**ビュルム氷期**の最盛期（最も寒冷化した時期）は、今から約二万年ほど前だが、その頃は海水面が現在よりも百メートルほども低かったために、陸地の総面積は現在の二倍近くあった。しかも、ユーラシア大陸とは陸続きで、日本列島ではなく、ユーラシア大陸東端の細長い日本半島となっていた。

当時、樺太と北海道は大陸と地続きとなり、津軽海峡も冬季には凍結し、通行可能な陸橋となった。瀬戸内海や近海の島々はみな陸地となり、日本海は十分な水深を持つ大きな入海となっていた。

玄界灘は残っていたから、日本海は黒潮海流とつながっていたが、その頃の中国の海岸線は現在よりもずっと東に伸びていた。氷河期の海面低下によって、現在は海中にある大陸棚の部分が、当時は海面上に出ていたからである。

つまり、その頃は渤海も東シナ海も干上がって陸地（揚子江の河口が五島列島近く）となり、朝鮮半島や台湾などもすべて陸続きとなっていたのである。

旧人（ソロ人）や新人（フッリ人やドラヴィダ人）たちは、大型獣のナウマン象などを追って、これらの陸地や陸橋を自由に往来していたことであろう。また、東南アジアとも直通の海路や陸路があって、盛んに「**スンダ大陸文明**」（今は失われた**先史文明**）との交流が行われて

いたと考えられる。

ちなみに、一九九六年、ビュルム氷期中のスンダ大陸に存在していた北ボルネオ（カリマンタン島）の大洞窟（東京ドームの倍くらい）が発見され、その中に、数万年前に暮らしていたと思われる人々のほぼ完全な人骨と生活跡、および犀や猪の骨などが見つかった。

その緊急レポートによれば、当時のスンダランドは、北半球のシベリアとともに人類生活の適地であったことがよく判ってきたという。

第二章　日本人の誕生

日本半島へ旧人（ダーリ人）が渡来した

一万九千年前、黄河流域周辺（華北）にいた旧人（旧石器文化を持ったダーリ人）の群れが、大型獣を追いながら、当時は自然が豊かで住みよい環境だった沿海州経由で日本半島へ移動し、新潟県と長野県境の〝野尻湖周辺〟に散居して、非定住の狩猟・採取生活を営むようになった。

これが、真実の日本列島への「**人類渡来**」の始まりである。

現代考古学界の一部には、彼ら旧石器人は北京原人の流れをくむのではないか、あるいはわが国の「先土器時代」は約三〜五万年前に始まったのではないか、という仮説が囁かれているが、事実は全く異なっている。

その後日本で発見され、「明石原人」と名付けられた骨も、従来いわれているような原人のものではなく、旧人（ソロ人→ダーリ人）のものと考えられる。しかし、この貴重な骨片は一九四五年の東京大空襲で行方不明となってしまった。

八ヶ岳における黒曜石の発見

日本に渡来した旧人たちは、日常生活に必要なより良い石器を求めて移動中、偶然、日本半島の中央部／フォッサマグナ上に形成された火山帯・八ヶ岳周辺で黒曜石の露頭を発見した（長野県茅野市尖石縄文考古館パンフレット「尖石」参照）。

〔黒曜石とは何か〕

かつての八ヶ岳（太古は富士山より高かったと思われる標高四千メートル級の山）の大噴火による噴火活動が終息に至る際に、粘度の高いマグマが急速に冷却して黒曜石が生まれた。どんなマグマでも黒曜石になるわけではなく、唯一、流紋岩、石英安山岩質のマグマから出来る。これらは、ケイ長質岩に分類され、珪酸アルミニウムの他に酸化カリウム、酸化ナトリウムなどのアルカリ金属酸化物を八～一〇パーセント含み、比較的鉱物の融点が低いことが特徴である。

また、割るとガラスのように鋭いエッジが出来ることから、約一万九千年前に渡来した旧人（ダーリ人→野尻湖人）によって石器の材料として使われるようになった。

のちの縄文時代および弥生時代になっても、青銅器や鉄器が登場する以前は旧人や新人にとって石器は日常生活の中心を占める重要な道具であった。それまで石器を作る材料としては色々な種類の自然石が使われてきたが、貝殻状に割れ、縁が鋭い刃物のようになる黒曜石は石器の材料として最適であった。

偶然の発見によるとはいえ、これは人類にとっての大発見であり、文明の大進歩であった。すなわち、**新石器時代**の幕開けである。

旧人が発見した黒曜石で「新石器時代」が始まった

現在でも、八ヶ岳には、標高二千メートルの麦草峠《むぎぐさとうげ》（八千穂村）や冷山《つめたやま》（茅野《ちの》市）などに黒曜石の露頭が存在している。すなわち、野辺山原（今の南牧村辺り）の旧人（野尻湖人）は、十キロメートル離れた麦草峠や三十キロメートル離れた和田峠、および男女倉・霧ヶ峰産の黒曜石を発見し、これを用いて様々な石器を作り始めた。

こうして日本半島全域に及ぶ「**新石器文化時代**」が幕開いたのである。

やがて、一部の旧人たちは三国山脈を越えて那須高原（栃木県）にも移動し、黒曜石の採掘と新石器の製造を行うようになった。そうして、黒曜石を仲介とした「**物々交換**」が盛んに営まれるようになったのであろう。

旧人（ソロ人→ダーリ人）による、**約六千年間にわたる**「**新石器文化**」の痕跡が発見された黒曜石の原産地は、全国で約五十カ所知られている。そのうち、石器の材料として盛んに利用されたのは、北海道の白滝、長野県の和田峠、伊豆諸島の神津島《こうづ》、大分県の姫島、佐賀県の腰岳《こしがだけ》、そして島根県の隠岐島《おきのしま》である。

山陰地方の遺跡から出土する黒曜石の大半は隠岐産だが、石見《いわみ》中西部や冠《かんむりやま》山遺跡からは姫島や腰岳産のものも出土する。さらに、日本海を越えたロシアのウラジオストック、ナホトカや周辺の一万二千年前以前の遺跡、および同時代の朝鮮半島の遺跡からも「**隠岐産**」のものが見つかっている。このような黒曜石の移動は、当然、旧人や新人たちの移動も意味し、随分広範囲にわたる古代人の交流があったことを如実に示している。

旧人が非定住の狩猟・採取生活をしていた石器時代はビュルム氷期の最中で、海退により海面が百メートル近く低下していた（陸地が広かった）。それでも、太平洋上の伊豆諸島とは陸続きにはならず、舟（カヌー）または船でなくては渡れない。だとすれば、日本海周辺においても太平洋上においても、従来の想像以上に、「旧人たちの新石器文化は進んでいた」ということになる。されば、この頃、すでにスンダ大陸の前文明（あるいは金属文明？）との接触があったのやもしれない。

失われた「前文明」の神々およびその都市国家とは、どのような神々（先史文明人）による**高度な文明**だったのであろうか。それは、今となっては知る術《すべ》もない。

ワジャック人、ユダヤ人、オロッコ人、苗族、港川人の誕生

・約一万五千年前、ドラヴィダ人から古モンゴロイドのワジャック人（A型―ATLV-1

の保有者）がスンダ亜大陸で生まれた。
・約一万五千年前、アラビア半島にいたフッリ人の系統から新モンゴロイドのユダヤ人（突然変異のO型）が生まれた。
・一万五千年前、ワジャック人（古モンゴロイド）とソロ人（旧人）との混血によって、現在ニューギニア周辺に住んでいるパプア人が生まれた。
・約一万三千年前、スンダ亜大陸にいたワジャック人とヒッタイト人の混血によって、新モンゴロイドの**オロッコ人**（A型）が生まれた。
・約一万二千百年前、シュメール人（古モンゴロイド）の男とセスン族（ネグリト系）の女との混血によって、セレベス島のマカッサル（現在のウジュン・パンダン）周辺で**苗族**《ミャオ》（新モンゴロイド）約一万人の群れが生まれた。
・約一万二千五十年前、エブス人（プロト・フェニキア人）の男（海人族）と、先住していたワジャック人（古モンゴロイド）の女との混血によって、セレベス島のパル・ゴロンタロなどの中部スラウェシで、**港川人**（新モンゴロイド・ATLV-1の保有者）約一万人の群れが生まれた。

苗族や港川人らは、短期間ではあったが、ジャワ島などに渡海し、スンダ亜大陸のシュメール人と接触して前文明の恩恵を受けていたと思われる。

一万二千年前、突然「大洪水」が起こった

一万二千年前のある日、突然、地球上に天変地異（大地震と大津波）が勃発し、平野部に築かれていた「前文明の都市国家」はすべて失われて、ことごとく海没した。

その日、南極大陸の氷河がそれまでにはない規模で大瓦解を始め、続いて北極海の氷塊も大溶解し、それらが大津波の連鎖反応を起こした。海底の火山も次々に爆発。加えて、大陸プレートの大きな移動によって大地震が頻発し、その被害が地球全体に広がっていった。

中原和人氏のリサーチでは、このときの広範囲な大地震は、マグニチュード10、9、8規模のものが十回近く（合計で三十回以上）も起き、火山の噴火による地震もマグニチュード7規模のものが十回近く起きている。こうした天変地異が一年二カ月も続いたのである。

ちなみに、マグニチュード12は地球の崩壊となるから、このときの大変動がいかに大規模なものであったかがよく判るであろう。

この時以降、未だ人類はマグニチュード10規模の大地震を経験していない。だが、今回の東日本大地震がマグニチュード9であったことを勘案すれば、そのような自然災害の恐ろしさがわれわれにはよく理解されるのである。

現代人類が未だ経験したことのないような、想像を絶する規模の大地震と大津波が起きたのである。それがさらに氷河の融解を加速させ、ビュルム氷期末期のわずか一年二カ月の間に、地球の海水面が五十メートルも急上昇した。ビュルム氷期においては、このときの大地震、大津波以前に、六千年間をかけて約五十メートルの海進があったので、最盛期（今から約二万年前）からすれば、約百メートルもの海進があったことになる。

最初の五十メートルの海進は六千年間のことだったので驚くような変化は見られなかっただろうが、一年二カ月の間に五十メートルの海進となると、これはとんでもない大変化、地球規模の大変動である。

その結果、スンダ大陸で五十万人、地球全体で総計百五十万人（ムー大陸説では六千四百万人）が死亡したと推定される。

珊瑚礁や砂浜は瞬く間に消え失せ、浅瀬の貝類や磯の動物、植物は絶滅した。海岸線が大きく変わることにより、すべての港は消滅した。人々は住居や耕地を捨て、争って高地へと移動したが、それまでの高度な知識の多くが失われていたために、生活文化の後退、停滞は免れなかったであろう。

このスンダ大陸の海没が、世界各地に今も残る「大洪水伝説」の実態である。

「ノアの方舟」とは何か

シュメール人の王族であるナーガ族は、このときいち早く舟に乗ってスンダ大陸を脱出した。それがユダヤ人の「ノアの方舟《はこぶね》」の話になったのであろう。王族でなかったシュメール人、ドラヴィダ人、苗族、港川人らのなかにも、舟で逃れた人たちがいた。このとき、彼らが利用したのはプロト・フェニキア人（エブス人）の舟（または船）であり、彼らが先史文明圏の支配下にあった各地の植民地に避難することにより、スンダ大陸の文明のかけらを世界各地に残すことになったのである。

スンダ大陸（英人・チャーチワードは〝ムー大陸〟に比定している）が沈んでいくとき、フッリ人とドラヴィダ人とシュメール人とは、〝ノアの方舟〟によって、かろうじて脱出したが、ワジャック人は残留してスンダ亜大陸とともに沈んでいった。

バリー島にいたヴェソイド人の祖先の黒人（バリー人）は、スンダ亜大陸を脱出し、その後約一万年前、ベトナム（南越）でヴェソイド人を生んだ。このヴェソイド人は、約八千年前にインドネシアのセレベス、スマトラ、ジャワに渡っている。

現在、バリー島やジャワ島は世界の観光地として賑わっているが、筆者が英人チャーチワードの主張する「ムー大陸」が実はスンダ亜大陸のことだと気づいたのも、「鹿島史観」によってバリー島の遺跡を探訪したことがきっかけであった。

ボルネオ島にいたメラネシア人の祖先の黒人たちは、スンダ亜大陸の沈下と運命をともにし、絶滅した。

ボルネオ島にいた黒人（ボルネオ人）の中に、スンダ亜大陸沈下の際、太平洋上の島々に逃れた数少ない人々がいたが、その中から、約一万年前にメラネシア人が生まれた。しかし、ボルネオ人自身はメラネシア人の中に吸収されてしまい、消滅した。

一万二千年前、シュメール人（バンチェン文化人）とネグリト系のセスン族の混血によって、苗族（A型）が生まれた。セスン族は、バリー、ジャワ、スマトラ、タイ、ビルマ、ベトナムなどにいたので、その後、文明人であるシュメール人指導のもとに、苗族のすぐれた「バンチエン文化」が東アジア全域へと広まることになった。

人類の救世主・バンチェン人

突然、海没し始めた「スンダ亜大陸」を脱出したシュメール人らが、メコン河の中・下流域に逃れてバンチェン人（のちのバンチェン王国人）となり、ドラヴィダ人らを奴隷にして、新文化の「バンチェン文明」を再建していった。

【バンチェン文化】

一九六六年から一九六七年にかけて、タイ国芸術局とアメリカのペンシルベニア大学が共同で、タイ北東部、ウドンタニ県のバンチェン（Ban-Chieng）村を調査し、低い台地上の集落内に墓地遺跡を発見した。熱ルミネッセンス法による年代測定の結果、五千年から七千年前の遺跡らしいということで、世界的に大変な注目を集めた。

先学者・鹿島昇は、「そのバンチェン遺跡を築いた**バンチェン文化**こそが、アジアとオリエントを結ぶ南海シルクロードの踊り場（交易中心地）であった。さらにそれらは、バンチェン王国の新しい農耕文化、およびヒマラヤ山麓系の自然銅採集による金石器文化（新石器末期の文化）と、ニューギニア付近からアラフラ海に至る南海（大洪水で沈下した、かつてのサフル亜大陸〜海域）の海人文化とが混合したものであり、一万二千年以後の日本列島の縄文土器、弥生土器に影響を与えたのはもちろんのこと、〝**のちに分化する世界中の文化の原型**〟であった」と主張した。

従来の学者たちは、「先史時代の東南アジアは、文化的発展における後進地である」と既定しているが、鹿島昇はそれをひっくり返し、ギリシャの哲学者・プラトンの記した「アトランティスからやってきた軍隊」とは、実はバンチェン人のことであり、一夜にして沈んだというアトランティス大陸は、実はアジアの南海にあったと主張した。

また、世界文明の魁《さきがけ》のようにいわれている「エジプト古王朝人」も、実はバンチェン人のシュメール人王家ナーガ（蛇トーテム）族の王族であると主張している（『バンチェン／倭人のルーツ』新国民社）。

このとき以後（約七千年前）、新モンゴロイドの**ユダヤ人**はシュメール人、フェニキア人、ヒッタイト人とともに「バンチェン文化」の移植者＝マヤ人となり、オリエントや南米大陸などの世界各地にシュメール文明を伝えていったのである。

その後、約六千六百年前、ワジャック人と、約一万年前に生まれたメラネシア人との混血によって、ポリネシア人が生まれた。

ちなみに、ミクロネシア人は、古モンゴロイドのヴェソイドから生まれた新モンゴロイドである。

大洪水後、沖縄を経て鹿児島へ上陸した「港川人」

「大洪水」後、フィリピン沖から始まる黒潮の流れが変化し、それまで日本列島から少し離れて東北上していたのが、鹿児島南端に接近して本土寄りに流れるようになり、その支流が枝分かれして九州西方を「対馬海流」が北上するようになった。そのため、港川人らが沖縄を経由して大隈半島（桜島周辺）へ上陸できたのである。

ちなみに、北上途中の沖縄に残されている港川人（途中下船して葬られた）の人骨を調べてみると、彼らは身長百五十五センチメートルほどの新モンゴロイドであり、丸木舟（カヌー）に乗って航海してきたことが判った。

「大洪水」のとき、港川人に同行してアエタ族（身長百五十センチ以下の低身長族）も渡来した。彼らも桜島周辺に上陸したが、一万千年前以後になると、漸次移動を始め、薩摩、日向、熊本などにコロニーをつくるようになった。

港川人らの「上野原・縄文文明」

約一万千年前頃、港川人らは鹿児島県鹿屋《かのや》市上野地区の「**上野原遺跡**」（先に知られていた弥生遺跡の下から新たに発見された**縄文遺跡**）の竪穴式住居に定住し、根菜農耕を行い、併せて狩猟や漁撈などによって生活するようになっていた。

約一万年前頃になると、男性は狩猟・漁撈・造船などを行ったが、女性はヒエ・アワ・キビなどの雑穀栽培を行い、人々は縄目文様の**土器文化**によって生活を営むようになった。

すなわち、縄文文明と呼ばれる時代の始まりである。

〔上野原の縄文遺跡〕

この住居跡からは各種の磨製石斧が多く発見されており、彼らが丸木舟（カヌー）製造の技術と近海漁撈、および遠洋航海術を持っていたことを示している。

また、貝殻文様の縄文式丸首土器（穀物容器）が多数出土しているが、驚くべきことに、その丸首土器の大きさは後世の弥生式土器と類似している。加えて、それらの容器に栽培された雑穀類の痕跡が残されていたことから、すでに農耕文化が栄えていたとみて、間違いない。

大洪水後、日本列島へ北方からオロッコ人が渡来した

ビュルム氷期の最盛期（約二万年前）、アラビア半島から移住してセレベス島（スラウェシ島）にコロニーをつくっていたヒッタイト人（新モンゴロイド）の群れと、一万五千年前にマレー海域で生まれたワジャック人（古モンゴロイド）の群れが、セレベス島マカッサル（今のウジュン・パンダン市）周辺で遭遇して互いに混血・融合し、一万三千年前、オロッコ人（新モンゴロイド）五千人の群れが誕生した。

その後、約一万二千年前に起こった「大洪水」のとき、そのうちの約三千人の群れが脱出し、メコン河流域で再建中の「バンチェン文明」の洗礼を受けたのち、東南アジアを出発してユーラシア大陸内を移動しはじめた。

やがて、二千二百人の群れは先住ドラヴィダ人の集落のあった「バイカル湖の西岸付近」に達し、自分たちのコロニーをつくった。

何世代かを経たのち、コロニーの一部住民（千二百人）が再び移動を始め、そのうち六百人

はオホーツク海のイヌイットとなり、他の六百人は日本列島へ渡来して縄文人となった。

縄文人の登場

以上のように、縄文人とは、海没していくスンダ亜大陸を脱出した祖先を持つＡＴＬＶ-1（成人Ｔ細胞白血病ウイルス）キャリアの人々のことである。

①オロッコ人

約一万三千年前、インドネシア／セレベス島マカッサル周辺で、ワジャック人とヒッタイト人の混血によって生まれた新モンゴロイド。血液Ａ型・ＡＴＬＶ-1の保有者。彼らの群れは、一万二千五百年前頃、シベリア・バイカル湖西岸に移動していたが、「大洪水」以後、日本列島へ渡来して縄文人となった。

彼らより四千年以上も遅れて約八千年前以降に渡来したツングース（アイヌ人）は、この〝偉大な先住民〟を、オロチョンまたは労民（実は旧人ダーリ人とオロッコ人との混血人種）と呼んでいた。

スンダ亜大陸を出発した旧人（ソロ人→ダーリ人）が中国大陸から日本列島へと移動し、新石器文化をうち立てたのち、旧い「汎日本海文化圏」を創っていた。やがて「大洪水」後の一万二千年前以降、オロッコ人が渡来して旧人（ダーリ人）の新石器文化を引き継いだ。こうして、世界史に誇る縄文文明の華が開いていったのである。

ちなみに、奥州津軽（青森県）荒吐五王（安倍氏・秋田氏）の歴史を伝える『東日流外三郡誌』は、「大洪水」後、最初に渡来したこの新人（新モンゴロイド）のことを、岩木山の山麓にいたアソベ族（阿蘇部族）と記している。

②港川人

約一万二千年前、セレベス島中部で、エブス人（プロト・フェニキア人）とワジャック人との混血によって生まれた新モンゴロイド。血液A型・ATLV-1の保有者。

彼らは、「大洪水」のとき、インドネシア海域から黒潮ルートで北上し、沖縄→九州などに上陸して縄文人となった。台湾ではフーマン族（卑南文化の担い手か）と呼ばれている。

③アエタ族

約七万年前、スンダ亜大陸（マレー海域）に渡来していたフッリ人（アフリカで誕生した新人・ネグロイド）の群れからアエタ族が生まれた。彼らは、ネグロイドではなく古モンゴロイド（黄色人種）だが、身長百五十センチメートル以下の低身長の部族であるセスン族やアンダマン族と同族であり、血液A型・ATLV-1の保有者である。

彼ら「低身長族」のその後について、人類学者は様々な憶測を述べているが、その消息は未だはっきりしない。

やがて「大洪水」のとき、港川人とともに沖縄・九州へ渡来し縄文人となっていたが、彼らよりも後世の約四千年前以後に渡来したツングース（アイヌ人）は、この先住縄文人をコロボックル（フキの下の人）と呼んでいた。

④ツングース（アイヌ人）

約八千年前、バイカル湖西岸で、オロッコ人（新モンゴロイド）とアーリア人（白人）との混血によって生まれた新モンゴロイド。血液ＡＢ型・ＡＴＬＶ-1の保有者。

従来の学者の中には、ツングースとアイヌ人を別々の人種だとする説もあるが、そういう事実はなく、約八千年前に誕生した種族である。

やがて彼らの一部は日本列島へ渡来し、新たな縄文人仲間として参入した。

縄文人の人口と、草創期の文化

日本列島に渡来した縄文人の人口は、わずか五千人に満たない数であった。その内訳は、港川人二千人、アエタ族八百人、オロッコ人六百人、労民（オロッコ人と野尻湖人との混血人種）四百人、ツングース（アイヌ人）八百人である。

縄文人は、「根菜農耕」および「雑穀栽培」のほかに「造船・漁撈・航海」などの技術を持っていて、三内丸山（コロニー）ではクリ栽培が行われていた。

また、宗教的リーダー／シャーマンの先導により、

・約一万年前、十和利山ピラミッドがオロッコ人の手で造られた（日本最古）。

・約九千年前、大石神ピラミッドがオロッコ人の手で造られた。

・同時期、（広島県）葦嶽山《あしだけやま》ピラミッドがオロッコ人の手で造られた。

オロッコ人の「縄文文明」

現在、渡島《わたりじま》（北海道）などで「オホーツク人」と呼ばれている人々は、実はこのオロッコ人のことで、各地の縄文遺跡から出土する「遮光器土偶」とは、イヌイットの遮光器（北極圏の強い反射光を避ける眼鏡型防具）を着けた土偶のことである（巷間伝えられるような宇宙人のものではない）。

彼らオロッコ人は、日本列島および日本海周辺の新石器文化圏を形成していた旧人たち（ダーリ人）から「黒曜石文化＝新石器文化」を引き継いだ。また、那須高原（栃木県）および野尻湖周辺に加えて、八ヶ岳山麓一帯では、両者（オロッコ人とダーリ人）は混血して新種の新モンゴロイドとなり、やがて縄文文化の担い手となった。

こうして北海道や東日本の「**縄文文明時代**」が始まった。

一方、西日本の縄文文化は港川人およびアエタ族によって開拓されていった。

上野原などの縄文遺跡は、港川人らの約三千年～四千年間にわたる文化生活跡だったのであろう。おそらく、このような類似の縄文遺跡は九州や西日本の各地に多く残されているはずである。それらがなかなか見つからないのは、なぜなのか。

列島火山の大噴火による「縄文遺跡」の埋没

中原和人氏の「筋収縮力テスト法」によるリサーチによれば、約六千六百年前、突如として沖縄の喜界島、鹿児島の桜島、熊本の阿蘇山などの火山が連続して大爆発を起こし、そのため、沖縄・九州・四国・本土などにあった西日本の港川人・オロッコ人らのコロニーは、すべて火山灰の下に埋《う》もれてしまったという。

このときの大噴火は、イタリアのボンベイ市が埋没した「ベズビオ大噴火」の約十五倍の規模であった。そのため、西日本の縄文時代の歴史が非常に判りにくくなっている。

なお、同時期に、奥州十和田《とわだ》湖の小倉山《みくらやま》が大噴火して、オロッコ人のコロニーにも甚大な被害を与えている。そのため、日本列島の縄文文明は、一時、深刻な「停滞期」を迎えたのであろう。

三内丸山遺跡

三内丸山《さんだいまるやま》（ガイドさんのいう〝サンナイ〟という呼称は誤り）遺跡は、陸奥湾の最も奥まったところ、青森港から約三キロ、八甲田山系から続く丘陵の先端（標高二十メートル）地点に広がる日本最大級の縄文集落跡である。

縄文前期（約七千五百年前）頃には今よりも大分奥まっていたが、北に海を望み南に山を控えたこのような地域は、オロッコ人にとってずいぶん生活しやすかったのであろう。

現地のボランティア・ガイドさんは、この遺跡は五千五百年前のものだと説明していたが、実際は七千五百年前からのオロッコ人による縄文遺跡である。遺跡からは多量の縄文土器、石器以外にも、川沿いの低地からは「縄文ポシエット」と呼ばれる袋状の編み物をはじめ、漆《うるし》塗《ぬ》りの容器・木製の櫛《くし》・麻生《あざぶ》の編布《あんぎん》などが出土している。

三内丸山遺跡からウサギ、ムササビといった小動物の骨が多く出土するが、シカ、イノシシは少なかった。農耕文化（雑穀栽培）の痕跡を示すものとして、ヒョウタン、リョクトウ、エゴマ、麻などの栽培植物の種子をはじめ、クリ、クルミ、牛蒡《ごぼう》、木苺《きいちご》などの跡が見つかっている。また、陸奥湾の海から得られるオットセイやクジラ、マグロ、ブリ、マダイ、ヒラメ、アジ、サバ、イワシなどの魚の骨が大量に出土していることから考えて、彼らの食膳は豊かだったと想像される。

さらに、ニワトコやヤマブドウ、サルナシなどの種子が出土していて、酒造も盛んだった様子がうかがえる。他地域との交流パーティーなども開かれていたのだろう。それを裏付けるかのように、この遺跡からは新潟県産のヒスイ、北海道産・信州産・佐渡ヶ島産の黒曜石、岩手県産のコハクなど、遠隔地から持ち込まれた貴重品が多数出土する。これは、当時すでに遠洋航海による広範囲の交易活動が盛んであったことを示している。

日本の「縄文文明」と世界の海上交易

一九七五年（昭和五十年）夏、福井県三方郡三方町鳥浜の貝塚遺跡から、さまざまな生活文化の出土品に交じって、栽培種であるヒョウタンの種子と果実が見つかった。これらが埋まっていた層は、縄文前期といわれる約七千五百年前のものである。

ヒョウタンの原産地は、野生種のヒョウタンが数多く発見される西アフリカのニジェール河流域といわれている。おそらくヒョウタンは、ビュルム氷期中のサバンナ（当時は温暖な環境地）で、野生種から新人の手による栽培種となり、その後、インド亜大陸などを経由して世界中へ拡散していったのであろう。

また、約七千五百年前に始まった半坡《はんば》遺跡（中国陝西省西安市郊外）の雑穀栽培文化は、何千年もかけてアフリカ→インド→東南アジア経由で華北へ伝わり、さらにバンチェン王国人の**文明**に接触した縄文人（港川人・オロッコ人・ツングース〔アイヌ人〕・アエタ族）の手によって日本列島へも運ばれている。

当時、すでに朝鮮や大陸との交易が季節風を利用して頻繁に行われ、東アジア文化圏が確立していたことは、このような各地出土品の存在によっても明らかに証明されているというべきであろう。

ちなみに、七千五百年前以後の渡来地の痕跡は、福井県鳥浜遺跡のほか、千葉県八日市場市多古田《たこた》・福島市四箇《しか》の各遺跡と推定されるが、今後の考古学の進歩によって土佐（高知県）、淡路島（兵庫県）、熊野（和歌山県）、奈良県などからも発見されるであろう。

縄文人の優れた文化と海上交易

オロッコ人の交易従事者は、越後・糸魚川《いといがわ》の港から陸奥湾内の三内丸山《さんだいまるやま》の最寄《もより》の港まで、対馬海流に乗って十日ほどで到着していた。帰路は一カ月ほどかかったという。この航海に使われたのは約九メートルの丸木舟で、それを横に二隻つないで麻布の帆を張り、頑丈な舵をつけて運行していた。

ちなみに、これはエジプト文明よりも古い、はるか以前の縄文早期のプロト・フェニキア人由来の〝舟（船）文化〟の歴史であった。

糸魚川文化圏からはヒスイの原石や加工品、黒曜石などを運び、帰り便にはサケ・コンブ・毛皮などを持ち帰った。三内丸山で使用した黒曜石は、和田峠や霧ヶ峰（八ヶ岳連峰）および佐渡ヶ島などからもたらされた。

ヒスイは、日本では糸魚川周辺（姫川の支流）でしか採れない。世界でも、ビルマ（ミャンマー）など六カ所でしか採れない貴重な宝石である。糸魚川山間部にあった長者ヶ原遺跡は、珠づくりの工場跡であって、ここからは珠玉・砥石などが出土している。また、この遺跡のヒスイ加工職人が、原産地の工房（長者ヶ原遺跡）から三内丸山遺跡に出向・移住していることも判った。

ちなみに、日高ヒスイという少し柔らかい青い石があるが、これはヒスイではない。

三内丸山で原石と完成品が出土するコハク（琥珀）は、首飾りやペンダントに使われている。原料の琥珀《コハク》は東北地方でも産出していたが、一部はシベリアから日本海交易によって輸入していたようだ。

当時、発見されたアスファルトは半固体の炭化水素で、鏃《ヤジリ》などの接着剤として使用されていた。

〔漆器のルーツ〕

三内丸山遺跡出土の漆器（現存する漆塗り大皿の一部）は、約六千四百年前、当地の工房で作られたもので、世界最古の漆器である。

漆器は、紀元六世紀、仏教美術と共に中国から伝来したというのが従来の通説であり、中国の河姆渡《かぼと》遺跡（七千年前）出土の漆器製椀は漆のルーツとして話題になった。しかしそれは、考古学界の調査不足によるものであった。

実際には、この漆器は六千四百年前、東日流《つがる》（青森県）で作られ、三内丸山港から輸出されたものである。縄文前期（七千五百年前以後）、縄文人たちの漆加工技術は優秀で、このあと四千年を経た晩期（三千五百年前頃）には大いに熟成し、美術的にも素晴らしいものとなった。

ちなみに、中国殷の時代、これらの製品はフェニキア人の手によって長江文明圏（江南《こうなん》〔呉越〕文化圏）および巴蜀《はしょく》文化圏（巴蜀のクニ四川省）へも運ばれている。

慶応大学の鈴木公雄教授は、長年にわたる綿密な研究の結果、縄文晩期の縄文人が乾湿椀に二十工程費やしていることを突きとめている（数多くの大学教授の中には、こういう真面目な研究者もいるのだ！）。

栄光の「縄文文明」

〔縄文野菜の伝来〕
フェニキア人の遠洋航海による交易で、アフリカ産のヒョウタン、インド産の緑豆、中国産の紫蘇《しそ》・エゴマ、ヨーロッパ産の牛蒡など、数々の縄文野菜が海外から輸入された。その見返りとして、黒曜石の加工品、ヒスイの装身具、漆器類、毛皮および〝麻布の帆〟などが輸出されていたのであろう。
〔遮光器土偶の復元〕
遮光器土偶の復元作業に挑戦した中田宝篤氏（縄文研究会）は、なんとか成功させるのに六年かかったという。
レプリカ復元作業の期間中、約四十時間、休憩は取れないし休めない。というのも、粘土の含有水分が変化すると、焼いたとき破裂するし、常時八〇〇～九〇〇℃で焼かなくてはならない。また、土偶の表面の黒い焼付け法探しなどをクリアしなければならなかったからだ。その結果、竈《かまど》の中で真っ赤に焼けた土偶を青い松葉の中に潜らせ、粘土中の珪素と松葉の油煙（炭素）が空中の酸素から土偶を遮断し、炭化珪素の膜を焼き付けるという方法を見出した。

こうして六年間、試行錯誤の苦闘の末、ついに会得した遮光器土偶の復元、すなわち、普通品より四倍強い土器が出来るというこの方法は、現代の「セラミック」工法と同じレベルの技術であった。

六本柱の「大型建物」

三内丸山に六本柱の大型建物跡が出土し、現在復元されて観光客を楽しませているが、もともとは直径一メートルもあるクリの大木柱の建物であった。当時は海上航海者への標識として機能していたものであって、阿久遺跡（諏訪市）などの巨石文化に対する「**巨木文化**」とでもいうべきものであろう。

大型掘立柱建物の六本柱は三本ずつ二列に並んでいて、北東から南西方向へ軸線をそろえながら並行している。これが「夏至《げし》の日の出」「冬至《とうじ》の日没」を見るラインとなっていることから、太陽の運行や天文によって季節の変化基準を知る「施設」の役割を持っていたと思われる。物見櫓、倉庫、祭祀用施設などの説があるが、海上からよく見える灯台的機能も持っていたようだ。柱間の距離が四・二メートルで、二十五センチの倍数となっている。当時、すでに縄文尺があって、三十五センチが一尺であったようだ。

また、これらの〝巨木技術〟は造船材用としても活用され、日本列島と海外を結ぶ遠洋航海を可能にしていたのだろう。
このような**栄光の縄文時代**は、先史文明以来の海人族（プロト・フェニキア人）の存在を抜きにして語ることはできないのである。

縄文時代のシャーマンと神代文字

〔シャーマン（宗教の伝道者）〕
◎約五千年前、オロッコ人の霊媒師（シャーマン）イタコが、十三湖《とさみなと》（フェニキア人の大交易基地）の南方で宗教的信仰を集めた。
◎約四千五百年前、ツングース（アイヌ人）の占師（シャーマン）ゴミソが東日流《つがる》（岩木山麓）で信仰を集めた。
◎約千七百年前、荒吐《あらと》族のオシラ様が南部地方（恐山《おそれざん》一帯）で信仰を集めた。
〔神代文字《かみよもじ》〕
◎約五千年前、オロッコ人のシャーマンとフェニキア人の合作によって、カロシティ文字やブラフミー文字から、アヒルクサ文字とイヅモ文字が生まれた。
◎その影響であろうか、約五千年前から西域南道（陸のシルクロード）のナマヅガ人（のちのサカ族）はカロシティ文字を使用し始めている。

八ヶ岳山麓の縄文土器文化と縄文農耕文化の繁栄

縄文時代前期（七千年前）になると、棚畑《だなはたけ》遺跡（長野県茅野《ちの》市）の人たち（オロッコ人および労民（旧人との混血人種））が登場、国宝に指定された土偶（縄文のヴィーナス像）などを作るようになった。これと似たものとして、三内丸山遺跡からは「板付き土偶」（ペンダント）が多数出土している。

縄文前期前半の阿久遺跡（長野県諏訪市）では、大きな住民密集跡や木造建築跡が出土し、他地域とは異なる「抜群の巨大集落」を形成していることが分かった。

また、その前期後半（六千年前）層の地域には、二十万余の「アーチ型・巨大列石群」が存在するが、これはオロッコ人の列石祭祀遺跡跡と考えられる。日本の学界はこれを列状柱石と呼んでいるが、当時の人々は、どのような神々を祀っていたのであろうか。

縄文時代中期（五千年前～四千年前）には、井戸尻遺跡（富士見町）や尖石《とがりいし》遺跡（茅野市）の人たち（オロッコ人・労民）が活躍し、縄文農耕文化が花開いた。尖石遺跡は、八ヶ岳西麓・南麓の火山帯扇状地に、五千三百年前～三千八百年前の間、千五百年間栄えた**大遺跡**であり、現在、国の**特別史跡**に指定されている。

八ヶ岳山麓の海抜千メートル前後の広大な裾野は、豊富な湧き水による河川が幾筋も流れており、ナラ、クルミ、クリなどの落葉広葉樹が繁茂し、多種多様な動物が繁殖していた。さらに、近くの八ヶ岳や霧ヶ峰には石器の材料になる黒曜石の原産地が散在するなど、縄文人の生活の舞台としてうってつけの場所であった。

中信高原の中央に位置する**尖石遺跡**からは、多量の石器、土器、土偶、漆塗り容器・編布《あんぎん》などが出土し、当時の人々の生活跡を色濃く残しているが、煮炊き用の深鉢をはじめとする**縄文土器の装飾**と**文様**は、タイ国バンチェン遺跡出土の土器文様とそっくりである。

現在、茅野市の「尖石縄文考古館」には二千点余の出土品が展示され、近くの与助尾根遺跡には六軒の竪穴式住居が復元されているが、それによって「バンチェン文明」遺跡出土品との〝類似性〟を仔細に検証することができる。また、それらの遺物を見ると、三内丸山遺跡出土のものと大変よく似ており、復元された大型建物の掘立柱跡も同様に、共に縄文時代のものらしい巨大なものである。

「餅鉄」で創られた日本刀のルーツ「舞草」とは何か

正倉院にある「舞草」銘の無装刀は、旧い日本刀のルーツとされているが、金属学者の新沼鉄夫氏は、岩手県一関市・舞川産出の「餅鉄」がその発祥であると主張している。

新沼氏の説によれば、古代東北には、餅鉄という純度の高い磁性に富んだ磁鉄鉱石を使用した**製鉄法**があった。明神平《みょうじんたいら》（五葉山山麓？）では、三千六百年前頃の「カキ殻の付着した鉄《てつ》滓《かす》」が出土するという。つまり、三千五百年前、タタラ製鉄法が九州国東半島に伝来する以前に、オロッコ人による**縄文製鉄**があったと考えられるのである。

この縄文人は、風の強い場所を選んで盆状の野焼炉《のやきろ》を造り、餅鉄とカキ殻を入れて火をかけ、還元鉄を取り出していたらしい。これで〝祭祀用の日本刀〟をはじめ「鏃や釣り針」を作っていたようだ。餅鉄の鉄滓《てつかす》の分析から、ほとんど不純物を含有していないことが判明している。純粋な鉄の融点は一五三九℃だが、融点の低い炭素を含んだ鉄はそれより低く、青銅の融点とほとんど変わらない七二〇℃の低温で餅鉄の還元ができる。

この製鉄法で「舞草刀」が創られたとすれば、日本刀のルーツは世界に冠たる素晴らしいものであったといえる。

縄文時代における階級分化の芽生え

縄文時代、尖石遺跡にいたオロッコ人らは、和田峠などの八ヶ岳から産出する黒曜石を加工し、加えて農産物を交易品として関東・東海・越地方（越前・越中・越後）から近畿地方などとも頻繁に交易していた。さらに、アワ、ヒエ、キビなどの雑穀栽培農耕にも本格的に踏み出していた。そのため、他地域と比べて非常に裕福になったオロッコ人の集団内では、約三千八百年前頃から階級分化が起こっている。

すなわち、同じオロッコ人集団内部の人々や、野尻湖人と混血した労民（新モンゴロイド）たちを奴隷として使役するようになった。もちろん、それはまだ一地域内の部分的な現象であったから、明確な階級社会による国家が成立するまでには至らなかった。

三千八百年前頃、この集団は〝地球表面の寒冷化〟によって移動を始め、農耕の適地を求めて千曲川や信濃川流域へと移住していった。そのため、この尖石遺跡の営みはなくなった。

だが、このとき、一部のオロッコ人グループは海路、出雲（島根県）を経て山口県の周芳《すは》（旧熊毛郡の周芳湖＝八世紀初頭まで存在した諏訪湖）地方へと移動した。そして、先住していた港川人のコロニー（周芳湖西岸の用田《ようだ》遺跡）に参入している。

「歌垣文化」の起こり

『古事記』には、速須佐之男命《はやすさのおのみこと》（素戔嗚男命《すさのおのみこと》）が出雲の簸川《ひのかわ》のほとりで八岐大蛇《やまたのおろち》を退治し、国神《くにつかみ》の娘櫛名田姫《くしなだひめ》を救って妻となし、大国主命《おおくにぬしのみこと》を生んだ神話が記されている。

さらに、幸《さち》多い命《みこと》の神徳を慕って毎年十月、全国の氏神が出雲に集まり、縁結びの会議を行うという伝説がそれに付加され、「出雲信仰」が生まれた。

このようなエブス人（プロト・フェニキア人）由来の**大国主命の神話**に出てくる「**八百万《やおよろず》の神々の集い**」に関連して考えられるのが、古来盛んであったという縄文人の風習「**歌垣《うたがき》**」ま

た は「嬥歌《かがい》」のことである。

縄文時代中期（七千年前）頃から、オロッコ人たちは村の広場中央にクリの大木（直径一メートル）で六本柱の建物（神殿）を立て、数年ごとに日を定めて大集会を催していた。その日は男女すべてが集まり、飲酒・歌舞・唱和したのち、互いに愛を語り、相手をとり替えながらセックスをしていた。このようにして、古代人は近親結婚による弊害を防いでいたのである。

そして、これらの歌垣は当時の東日本の九カ所で行われていた。

・定住者百人の三内丸山では、三年に一回行われ、各地から五百人集まった。
・定住者百人の筑波山麓では、四年に一回行われ、各地から三百人集まった。
・定住者百人の尖石広場では、五年に一回行われ、各地から四百人集まった。
・定住者百人の和田・阿久地区では、五年に一回行われ、各地から三百人集まった。
・定住者百人の諏訪湖周辺では、七年に一回行われ、各地から三百人集まった。これが後世、諏訪神社に伝えられて上社《かみしゃ》・下社《しもしゃ》の「御柱行事」となっている。
・糸魚川（越地方）の縄文文化圏では、長者ヶ原にモミの巨木で御柱が立てられ、馬高式の行事が行われていた。これがやがて西日本に伝わり、縄文文化と（弥生式）タタラ文化の〝からみ〟によって、九州などでは四本柱が立てられるようになった。

この歌垣を主宰する族長（シャーマン）が、死後、鎮守の杜《もり》に祀られて一族の守護神となり、氏神・国神となっていったと考えられる。こうして、わが国の風土に息づく八百万の神々が生まれた。

ちなみに、平安時代には、宮中では一種の歌舞として行われているが、東国地方では?歌といい、長野県や愛知県では「木の根祭り」、伊豆神津島では「歌合戦」、瀬戸内海の島々では「歌垣」と呼ばれるなど、江戸時代まで種々の形で諸国に存在していた遺風である。

われわれの先祖は、よりよい子孫を残すため、「産めよ増やせよ地に満てよ」という望みを「歌垣」集会に託した。それがやがて縁結びの**出雲信仰**となり、毎年の神無月《かんなづき》に集う八百万の神々への「氏族信仰」となっていったのであろう。

第三章　弥生文化の普及

弥生文化の伝来と階級分化の起こり

約三千五百年前、エブス人（またはプロト・フェニキア人）・ヒッタイト人らがタルシシ船で九州へ渡来し、国東半島重藤《しげふじ》へ製鉄基地を築いて「中国殷王朝（実は殷文化圏）」へ武器や農具など鍛鉄製品の供給（輸出）を開始した。その情報がバンチェン王国に伝わると、水田稲作文化を持ったシュメール人と苗族が九州有明湾の鳥栖《とす》へ上陸し始めた。

こうして、長い縄文時代のあと弥生文化（水田稲作）の新時代が到来し、先住民も活用されて各地の人口も急激に増加した。

続いて約三千百年前、エブス人・ヒッタイト人および殷人ら、いわゆる〝七福人〟がUターンして豊《とよ》ノ国（東表国《とうびょう》・都は宇佐八幡宮）をうち建てた。これがわが国第一王朝の始まりである。そして、その金属文化を伴う水田稲作農業文化圏は、王国の拡大とともに約千年をかけて日本列島および朝鮮半島全体へ拡散・普及していったのである。

この時、殷人たちは薩摩湾にも渡来して薩摩隼人が生まれている。ただし、この薩摩隼人は苗族の男とシュメール人の女との間に生まれたもので、この薩摩隼人はのちの大隈隼人・熊本の白丁隼人らとは別の人種であった。

縄文時代から弥生時代にかけて、このような幾時代にもわたる新しい民族の渡来ごとに、新渡来人は、先住民である港川人・オロッコ人・ツングース（アイヌ人）・アエタ族らの縄文人を戦闘で打ち負かし、すべて捕虜にした。

この捕虜たちは、従来の諸学説と異なり、実際には不必要に殺されず、できるだけ生かされて新文化の建設に活用されていった。

すなわち、

①水田稲作農業やタタラ製鉄などに使役した（七八％）
②食用とした（一〇％）
③セックス奴隷とした（一〇％）
④貢物とした（一％）
⑤生贄・身代わりとした（一％）

という風習（不文律）であった。

やがて弥生時代の発展につれて、先住民内だけでなく、渡来人内部にも階級分化が進行し、奴婢《ぬひ》と呼ばれる被支配階級が生じた。こうして、一定の地域が権力者の支配下に置かれることになる。その権力者は、やがて「**倭の百余国**」の王となり、それに奉仕する者たちもそれぞれ階級分化していった。王の側近上層部は大人《おとな》（たいじん）といわれ、その下に下戸《げこ》（下人《げにん》）と呼ばれる者たちがいた。

大人は婦人四、五人を持ち、下戸は一人か複数の婦人を持っていたという。王など権力者の葬送の際に、死後の世界でも奉仕するため奴婢は殉死を強制された。これが『魏志』倭人伝などにいう卑弥呼の貢物「生口《せいこう》」ともなったのである。

東表国の成立と宇佐八幡宮

約三千百年前、国東半島重藤の製鉄基地が発展して殷の東表国となった。彼ら殷文化圏のエブス人ら七福人は、豊前京都郡《ぶぜんみやこぐん》宇佐八幡宮（現在は大分県）を都とし、タルシシ船の船長・エブス人王家のクルタシロス一世を初代王として**東表国**を建てた。これがわが国第一王朝の始まり（『記紀』には記されていない）で、この王名は世襲されていった（鹿島曻著『契丹北倭記』『邪馬壱国興亡史』新国民社参照）。

ちなみに、東表国の「トウビョウ」はシュメール人王家ナーガ族の〝蛇トーテム〟を表し、宇佐八幡宮の〝原・語源〟はトルコのアナトリア高原にあったヒッタイトの首都「ハットウサ」を表現したものである。

また、われわれ日本人の先祖は、殷文化圏の時代から「南倭人」とも呼ばれていた。南倭人とは、南方からフェニキア人の船に乗り、製鉄文化と弥生農業を携えて渡来した人々の王家を祀る「お社《やしろ》」＝「宇佐八幡宮」の氏子という意味である。

殷の時代には、「銕人《てつじん》」（くろがね人）＝夷人と書いて「倭人」と読まれていたが、のちに漢代の中国人が、夷または殷人を漢民族ではないとし、「**東夷の中に倭人がある**」と考えたのは、決して誤りではなかった。従来の学説のように、もし殷人が漢民族の先祖ならば、殷人または夷人《えびすじん》を〝**非漢人**〟とすることはないはずである。われわれの先祖が「夷」をエミシと読んでいたのは正しく、夷とは「カナーンのエブス人」だったのである。

宇佐八幡宮の秘儀・放生会

東表国の建国史を伝える宇佐八幡宮の秘儀が、放生会《ほうじょうえ》として三千年以上、連綿として続けられている。この古神事は、毎年七〜八月、宇佐市寄藻川《よりももがわ》河口の和間浜《わまちはま》（ワマノハマは誤り）を中心に行われてきた。

長い歴史を持つ宇佐八幡宮の放生会は、次のような三つの神事から成っている。

①豊前《ぶぜん》・京都《みやこ》郡豊日《とよひ》別社と田川郡香春岳《かわらたけ》別社・古宮《こみや》八幡宮の神事（三体の神鏡鋳造）

②豊前・上毛郡古表《こひょう》神社と下毛郡古要《こひょう》神社の神事（クグツ船団にて和間浜《わまちはま》に向かう）

③宇佐八幡宮・同神宮寺・六郷山各社の神事（細男舞奉納《せいのうまい》→放生会《ほうじょうえ》→本宮）

宇佐本宮《ほんぐう》では、八月一日より十三日まで、毎日、細男舞（筑紫舞《ちくしまい》か）を奉納する。続いて翌十四日には八幡神の神輿《みこし》が出発し、神宮寺・六郷山衆僧は和間浜で神輿を迎え、十五日には海上で奉楽・魚貝類を放流して、クグツ舞など放生会のすべての神事を終える。そして最後に、採銅所からの御正体（神鏡）を国司が納め、儀式が終ると、地元民有志たちによる松明《たいまつ》行列の「十列《じゅうれつ》」が頓宮《とんぐう》（浮殿《うきどの》）を巡《めぐ》り、神輿は本宮へ帰還されるのである。

宇佐八幡宮の放生会は、わが国における神社の法生会としては最古の儀礼神事である。この行事の原初の姿は、香春古宮《かわらふるみや》の神鏡（または鉄製の八咫鏡《やたのかがみ》）を豊日別社が受領し、国東半島の和間浜（古代の採銅所または鍛鉄所跡）経由で東表国の古都である宇佐八幡宮に納めるという神事であったが、これに後世の権現（神仏混交）信仰による「仏教儀礼」が付属したものとなっている。

ちなみに、クグツ（傀儡子）は「くぐつまわし」とも呼び、平安時代から江戸時代までいた一種の放浪生活者のことである。大部分は傀儡《クグツ》と呼ぶ人形をつかう旅芸人で、古くはインドから伝来したクシャトリアの漂泊民（西洋人のいうジプシー）と言われ、男は狩猟、女は遊女を業として、傍ら人形を舞わす芸を演じていた。室町時代（十六世紀）になると、首にかけた箱上で人形舞をしながら旅する大道芸人になり、やがて浄瑠璃・三味線と結びついて「人形浄瑠璃」を演ずる舞台芸人へと発展した。

さて、タタラ製鉄文化伝来の足跡は、三千年以上経った今日でも鍛冶屋原《かじやばら》遺跡として瀬戸内海周辺に存在している。「炭焼き小五郎」や「一つ目小僧」「朝日長者」などの伝説、および七福人を祀る「戎神社」や海洋民が崇拝する四国丸亀の「金毘羅山」信仰なども、その名残である。

さらに、シュメール人・苗族・港川人・オロッコ人・アイヌ人・アエタ族などの多くの農民に親しまれた「**村の鍛冶屋**」に各種の鍛鉄製品（農機具）を運んだのは、エブス人（恵比須・蛭子・胡・戎・夷）やユダヤ人（大物主命／種籾を運ぶ神様）の商人たちであり、その由来は「エビス・大黒さん」として現代でも日本の各家庭に祀られている。また、韓国の農村では「蘇民将来／スサノオ神」と赤紙に書いて各門戸に貼っている。

このような日本列島と朝鮮半島への「**弥生文化の拡散**」＝水田稲作農業文化を先住民が受け入れ、各地の気候や風土に合うように改良されて普及するまでには、おそらく五百年から千年近くかかったであろう。

弥生中期に生まれた「倭の百余国」

弥生文化の普及によって人々の生活は豊かになり、急激に人口が増えると、各地にクニができて互いにテリトリーを主張するようになった。

これについて、荒吐五王《あらとごおう》（のちの安倍氏）の秘蔵書『東日流外三郡誌《つがるそとさんぐんし》』は、弥生時代中期（約二千五百年前）以降の日本列島には、次のようなクニと種族の棲み分けができていたと記録している。

・奥州（東北地方）に、津保化族（ツングース・アイヌ人）
・武州（関東地方）に、宇津味族（オロッコ人）
・越州（北陸地方）に、長三毛族（苗族）
・濃州（東海地方）に、津称奈族（ツングース・アイヌ人）
・大和（近畿地方）に、津止三毛族（ツングースと苗族の混血人種）
・紀州（紀伊半島）に、奈津三毛族（苗族）
・四国（四国地方）に、大賀味族（港川人）
・淡路（淡路島）に、賀止利族（苗族）
・因州（山陰地方）に、宇津奴族（苗族）
・芸州（山陽地方）に、亜羅三毛族（苗族）
・九州（九州地方）に、猿田族（ユダヤ系レビ族）と日向族（港川人）

これが『魏志』倭人伝などにいう「倭の百余国」の大要であろう。

ちなみに、ここで荒吐五王《あらとごおう》（長髄彦《ながすねひこ》の系統）の『東日流外三郡誌』が記す「九州の猿田族」とは、のちの二千百年前頃（神武東征より三世紀も前）、糸島半島（前原市）に旧伊勢国を建てた〝天孫族・ガド族系の猿田彦〟とは別の種族である。

この安倍氏・秋田氏の秘蔵書とされているものが、すべての点で史実を述べているかどうかについては、鹿島昇も早くから疑問だとしており、特に〝事件の紀年代〟については大雑把にすぎると言うべきであろう。だが、『記紀』によって失われた『真実の日本史』を明らかにするためには、『三郡誌』のような**古史古伝**はわれわれにとって貴重なものというべきで、読者は鹿島史学を深めることによって歴史の真実を知る洞察力をつけてほしいのである。

「大蛇退治」神話

『記紀』によると、八岐大蛇《やまたのおろち》は鳥ヶ峰という山で退治されたということになっている。その鳥ヶ峰は、今では船通山という名に変わっていて、島根県と鳥取県の県境にある。ここから二つの川が東西に流れ出て、その西に流れる川は簸川《ひのかわ》といい、出雲平野に流れ出て宍道湖《しんじこ》に注いでいる。また、東に流れている川は日野川といい、米子市の辺りで日本海に流れ込んでいる。

この「出雲平野」について、若尾五雄は著書『鬼伝説の研究／金工史の視点から』（大和書房一九八一年版）の中で、次のように述べている。

宍道湖の西方に広がる出雲平野は、古代人によって早くから行われた簸川（斐伊川）の砂鉄採集によって流れ出てくる砂が積もって出来たものか。本来、宍道湖は日本海と通じていて、島根半島は島であったが、出雲平野の形成によって半島化したのだという。いわゆる神代の『国曳き物語』は、この島が半島に変わった神話ではなかろうか。

また、八岐大蛇退治に出てくる櫛稲田姫の話は、簸川の流砂を防ぐ杭→串→櫛の神、すなわち洪水対策に苦心する稲作民リーダーと簸川との闘いの物語とも考えられる。

簸川は砂鉄の多い川で、古来この川砂鉄によって野タタラ製鉄が行われていた。おそらく簸川は火の川の意味であり、野タタラの火が炎々と燃えている沿岸の光景から名付けられたものであろう。

ちなみに、熊本県八代郡にある火の川は、「氷川」と書かれている。

一方、鳥ヶ峰（船通山）の東方・鳥取県側の日野川も、おそらく火の川だったに違いない。

簸川が出雲平野を作ったように、日野川も、その河口に近い米子から美保ヶ関近くまで延びた「弓ヶ浜」という一大砂洲をつくりあげている。

もちろん、簸川にせよ日野川にせよ、湖を埋め、海に砂洲をつくったのが、すべて鉄穴流《かんなwhile》しのせいだけではなく、鳥ヶ峰をはじめとして、その両河岸の地質が崩潰しやすくなった花崗岩で、閃緑岩・玄武岩・角閃安山岩・火山弾・雲母・石英・ペグマタイト等が鉄分とともにあって、これらが有史以前から湖や海に流れ込んでいたことはいうまでもない。

☆　☆　☆

このように、簸川も日野川も鉄分の多い川で、その昔は、沿線の至る所にヒッタイト人によって教えられたオロチョン族の野タタラがあった。夜間ともなれば、タタラの火炎が天を焦がして燃え盛る光景は、あたかも大紅蓮を揚げる八岐大蛇が焦熱地獄から出現したような有様であったと想像される。

これが後世、演劇化されて、「スサノオノミコトの大蛇退治」として出雲大社をはじめとする各地の**金山《かなやま》神社**に奉納されるようになつたのであろう。

牛頭天王（スサノオノミコト）の出雲王朝

三千百年前頃、出雲地方に栄えていた苗族（弥生農民）と、その必需品・鉄製農具を作っていたオロチョン族をともに征服して新しい支配者となったのが、同時期に満州↓朝鮮半島経由で渡来した「ユダヤ系ガド族とイッサカル族の連合移民団」である。その山陰地方の司政官（シャーマン）は牛頭天王《ごずてんのう》（スサノオノミコト）であった。

ただし、これより先の三千五百年前頃、シュメール人や苗族が水田稲作農業を持って渡来したとき、先住民の縄文人（港川人・オロッコ人・労民）たちを殺さず、ヒッタイト人の助言によって生かして使役した。

その先例を良き教訓として、ガド族やイッサカル族も、先住民の苗族や縄文人と共存・協和して出雲王朝を建てたのである。

縄文人と共存共栄した「弥生人」

縄文時代から弥生時代への移行期には、渡来人による先住民への弾圧は行われていない。むしろ、古い習慣を大事にして積極的に協和し、共存の道を模索していった。

その例として、東日本に多い「座敷わらし」や西日本に多い「河童伝説」などがある。これらは、北九州に始まった水田稲作農業が拡散していくなかで、苗族に指導されて、アイヌ人やオロッコ人たちが共に弥生農民となり、低身長の部族であったアエタ族とも共存していった話が各地でユーモラスに伝えられたものであろう。

こうしてまず、最初の出雲神話である「素戔嗚男命《すさのおのみこと》の大蛇退治」が生まれ、ユダヤ文化（秦王国時代）の出雲王朝の時代へと移行していった。これが今日、出雲大社および山陰地方の神社や祭祀儀礼などで盛んに奉納されている「**大蛇神楽**《おろちかぐら》」の起こりである。

秦始皇帝の「焚書坑儒」事件でガド族が渡来した

紀元前二一三年、中国史上有名な秦始皇帝による「焚書坑儒」が起こった。

実は、この事件によって「真実の東洋史」の捏造が始まったのであるが、このとき以来、ユダヤ北朝系（イスラエル十部族系）から南朝系（イスラエル人の首都エルサレムのユダ王朝二部族系）に変身したガド族（華北・開封《かいふう》にいた孔子・孟子の子孫たち／魯人・河南省南陽《ナンヤン》市「宛《えん》」の製鉄貴族）は、山東半島から渡海して遼東へと亡命した。そして、燕王公孫氏（南朝系イッサカル族／海人族）の一部勢力と連合して再び大移動を開始した。

紀元前八六年、彼らイスラエル南朝系亡命者グループは、リーダー猿《さる》田《た》彦命《ひこのみこと》（初代）に率いられ、対馬の〝高天原〟を経由して弥生文化の盛んな北九州博多へと渡来し、吉武高木遺跡（最古の三種神器が出土した所）に**旧伊勢国**（イスラエル人のクニ）を建て、金属センター（鋳造所）をつくり、鉄鐸・銅鐸文化圏を創始した。

次に、旧伊勢国王猿田彦命二世は、イスラエル神（バアル神）を祀る太陽神殿（アマテルノ大神《かみ》を祀る日代宮《ひしろのみや》（前原市）を平原王墓遺跡（前原市）に築き、八咫鏡《やたのかがみ》（超大型内行花文八葉鏡四六・五センチ）・鉄剣・勾玉などの「**三種の神器**」を奉納した。このような鉄鐸・銅鐸文化の祭祀儀礼は、権力者・猿田彦命二世の〝遠征〟によって九州の倭王たちの間にも広がり、その王権を誇示する神事として長く継承されていったのである。

さて、これから後の「**日本史**」については、前著『検証！捏造《ねつぞう》の日本史』『失われた大和のユダヤ王国』『倭人のルーツの謎を追う』『日本神話と古代史の真実』などに詳述してあるので、それらも併せて再読・吟味していただければ幸いである。

第四章　古代の世界文明とアジア

ナマヅガ文化とは何か

アジアとオリエントを結ぶ考古学には、二つの〝踊り場〟がある。それは、中央アジアの「**ナマヅガ文化**」と、タイ国コラート高原の「**バンチェン文化**」である。

ナマヅガ文化は、ロシア領中央アジア、南トルクメンにおける牧畜と農耕の併用文化で、新石器時代のジェイトウン文化（ソビエト学者の命名／前六〇〇〇年紀の牧農文化）に続くプロト遊牧民の文化であった。この文化の担い手はサカ族とドラヴィダ族で、彼らこそ檀君朝鮮人と番韓人の主力だったのである。

今日、ナマヅガが注目されるのは、それがオリエント文化を綏遠《すいえん》文化やカラスク文化などへと続く踊り場だと判ったからである。

そのことについて、増田精一氏は次のように述べている。

この地域はアジア大陸のほぼ中央にあって、四方に通ずる。いわば、十字路のような位置にある。北方の草原地帯には、定住性のうすい、農耕よりむしろ牧畜を主とする牧民がいた。北イラクに位置するテペ・ガウラの前四〇〇〇年頃のヴバイド期の遺構から、アムダリヤ上流域のバダフシャン地方の特産物であるラピスラズリが出土しているのは、この地方の発達した村落の中継ぎなしには考えられない。すなわち、前四〇〇〇年紀の「彩文土器文化」の極盛期を迎える頃になると、都邑とはいえないまでも、交易など、対外的行動が活発な町邑的集落が確立していたのである。

☆　☆　☆

さて、次頁の図7は増田精一氏の「**古代東方におけるバダフシャン産ラピスラズリの分布図**」である。

ここでわれわれは、前四〇〇〇年以降、バダフシャンからインダス河を下って沿岸伝いにアラビア半島に至り、さらにペルシャ湾を北上して両河の河口に至った航路と、テペ・シアルクからスサを経て同じく両河の河口に至った陸路とが、当時存在していたことを識《し》らねばならない。

古代都市・スサはのちにエラム族が占領したが、ソビエトの史家は、前一七〇〇年頃、「エラム人の東方からカッシート人がバビロンに侵入した」と述べており、このカッシート人のたどったルートが古代ナマヅガ人の歩いた陸路と同じだったのである。

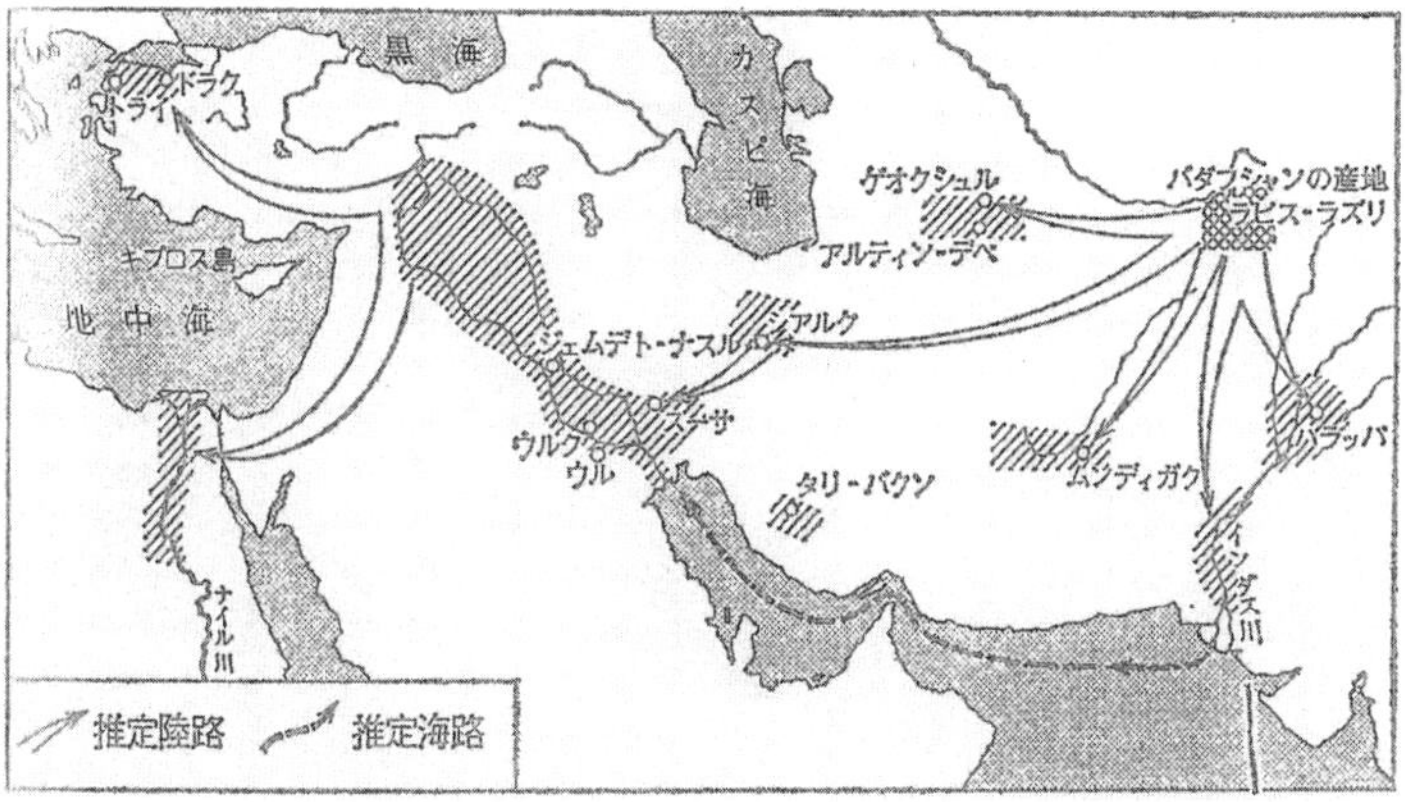

図７　古代東方におけるバダフシャン産ラピスラズリの分布図

続いて増田精一氏は、中央アジア・ナマヅガの彩陶文化は、中国仰韶《ヤンシャオ》文化の祖形であると主張する。以下に増田氏の論述を引用してみよう。

前三五〇〇年頃の仰韶彩文土器を、メソポタミアの原始農耕文化としては古い時期に属するハッスナ期のそれと比較する人があるが、その段階には、このような複雑な器形は見られない。また、その対比はさして意味がないと思われる。西アジア、とくにイラン高原やトルクメニアにこうした器形が出現するのは、農耕社会が発展し、町邑的性格の萌芽が見られるシアルクⅢの後半・ナマースカⅢの時期なのである。黒色磨研土器が流行してからは、嘴状《くちばしじょう》の長い注《そそ》ぎ口を持つ土器がシアルクⅢ期より出土している。

このように、中国仰韶文化の彩文土器は、西アジアのそれと、形の面から比較して、イラン高原のシアルクⅢ期に相当し、中国の彩文が西アジアに起源したものならば、それはトルクメニア地方のナマースカⅡ、およびⅢ期の文化が東方に拡大したものと考えられるのである。

当時の農村は、閉鎖的な社会から町邑的色彩を強めてきた時期であることは、先に述べたところである。西アジアの農耕文化は、東進してパミール高原を越えるか、あるいは北上してホラズム地方から中央アジアのオアシス地帯を経由して伝えられたのであろう。フェルナガ地方のチェースト・ダルヴィエルジン・アシュカルーテペなどに認められる、いわゆるチェースト文化の彩文土器には、鉢・深鉢・壷などのほかに注口土器が含まれている。これらの彩文も、基本的には南トルクメニアの彩文土器の系統に属している。

〔土器文様の比較〕（表5参照）

中国仰韶文化・彩文土器の器形のうえから、ウバイド後期の彩文土器に比較してみた。その頃の西アジアの農耕集落は、神殿を中心として家並みも整って、町邑的色彩を強め、外に対しても積極的に発展しうる条件も整っていたように思われる。こうしたことを考え、仰韶文化の彩文土器の文様と、イラン高原、トルクメニアの彩文土器のそれとを比較すると、それぞれ特殊な文様があるほか、共通した意匠も認められる。

中国仰韶期の彩文土器にも、様々の形象文が表現されており、陝西省半坡遺跡では、山羊・魚文・人面を描いた例が出土し、同省の宝雞《ほうひ》県北首嶺からは〝鳥魚文〟を描いた細頸の壷が、アンデルソンの調査した甘粛馬家窰からは人像や亀を描いた例が出土している。

こうした中国彩文のなかには、馬家窰出土のように、X線を通してみたような骨を表現した

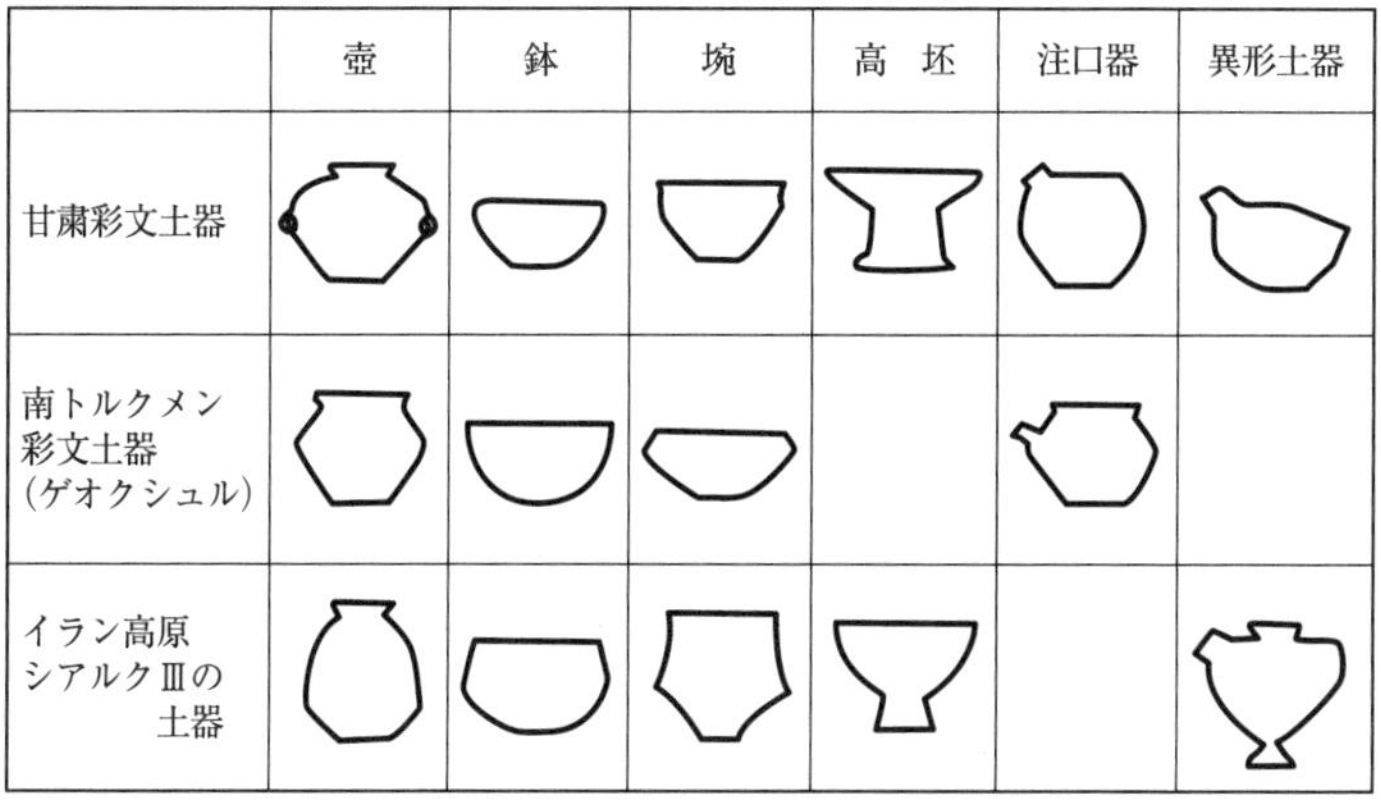

表５　彩文土器の器型の比較

人物像が描かれている例がある。これは、西アジアに見ない特殊な例といえる。しかし、全体を通じて、動物の胴部を斜格子文・点（半坡出土魚文・馬家窰出土亀文）で埋《う》めるという表現があるのは、西方トルクメニアやイラン高原のナマースカⅢ・シアルクⅢ期の彩文土器と共通している。

また、甘粛仰韶文化の半山期の彩文土器には、しばしば鋸歯状文が見られる。アンデルソンは、これらの土器が埋葬墓から多く発見される副葬品であるところから、喪紋（デス・パターン）であろうと推定している。その当否は別にして、特異な文様であることは確かで、河南においても、陝西省北首嶺出土の異形壷の彩文と同様に描かれている。また、同じような鋸歯文がトルクメニアのナマースカⅢ期に盛行している。

このような文様の類似は、先に述べた器形が共通していることと関係して、双方で、それぞれ別個に成立したとは考え難いように思われる。

おそらく、彩文土器はトルクメニアから東、タリム盆地に波及し、オアシス伝いに甘粛→河南へと伝わったのであろう。未開拓の状態にあるタリム盆地の先住遺跡には、現在、確実に南トルクメニア・イラン高原の彩文土器波及を示すような資料の発見例が少ない。

しかし、河南・仰韶文化より時代は下るであろうが、F・ベリマンの指摘するように、オリエントの農耕文化の波及と考えられる彩文土器の遺跡は、トゥルファン・ハミ・ウルムチ地方に見出されている。

☆　☆　☆

このようにして、増田精一氏はイラン文化を受容した**ナマヅガ**（引用文ではナマースカ）**文化**が、綏遠地域を経て**仰韶文化**となり、あるいはカラスク文化となったということを、論争の余地なく証明した。

ついに考古学は、中国文化とオリエント文化を結ぶ「**陸路**」を発見したのである。

さらに、インダス河流域においても、ラピスラズリのビーズはハラッパ文化以前のコト・ディジ遺跡から発見されているから、ナマヅガ人は仰韶文化のほかに、インダス文化の原型をもつくっていたのである。

インダス文明との関連

辛島昇ほかによる著書『インダス文明』では、次のように述べられている。

この点に関しても、ウィーラは一つの視点を提示している。すなわち、インダスとメソポタミア両文明に遺物や遺構上の類似があったとしても、それは必ずしも同時代における相互ないしは一方的な影響なのではなく、むしろそれぞれが「共通の先祖から受け継いだ遺産」の故ではないか、とするものである。

だとすれば、その両文明の共通の祖先とは、いったいどのような文化・文明だったのであろうか。

注目されるのは、前三〇〇〇年紀のイラン高原である。それよりやや西の、シリアからイラクにかけての北部山岳地帯を中心とする、いわゆる「肥沃な三日月地帯」には、すでに小麦を主体とした農耕を行う村落文化が数多く興っていた。そして、イラン高原でも、メソポタミアにおけると同様に、その後も着実で独自な文化発展の跡を辿ることができる。なかでも注目されるのが、時代の上でも、その地理的広がりや交易活動の上でも〝**本章の問題**〟と関わり得る、いわゆる「原エラム文化」である（図8参照）。

この文化は、南西イラン・フジスターンのスサに都をおいて隆盛を極めたエラム王国に先立ち、前三〇〇〇年ないし、それよりややのちに、イラン高原一帯に広がった。それは、メソポタミアでいえば初期王朝が形成される直前の**ジェムデト＝ナスル王朝**にほぼ並行するが、この文化は、実質上、当時のメソポタミア文化とはかなり異なった、（外来の）独特のものであったといわれている。「原エラム」の名が示すように、この文化はすでに強大な国家を形成する

図８　前2500年ころの原エラム文化の広がり

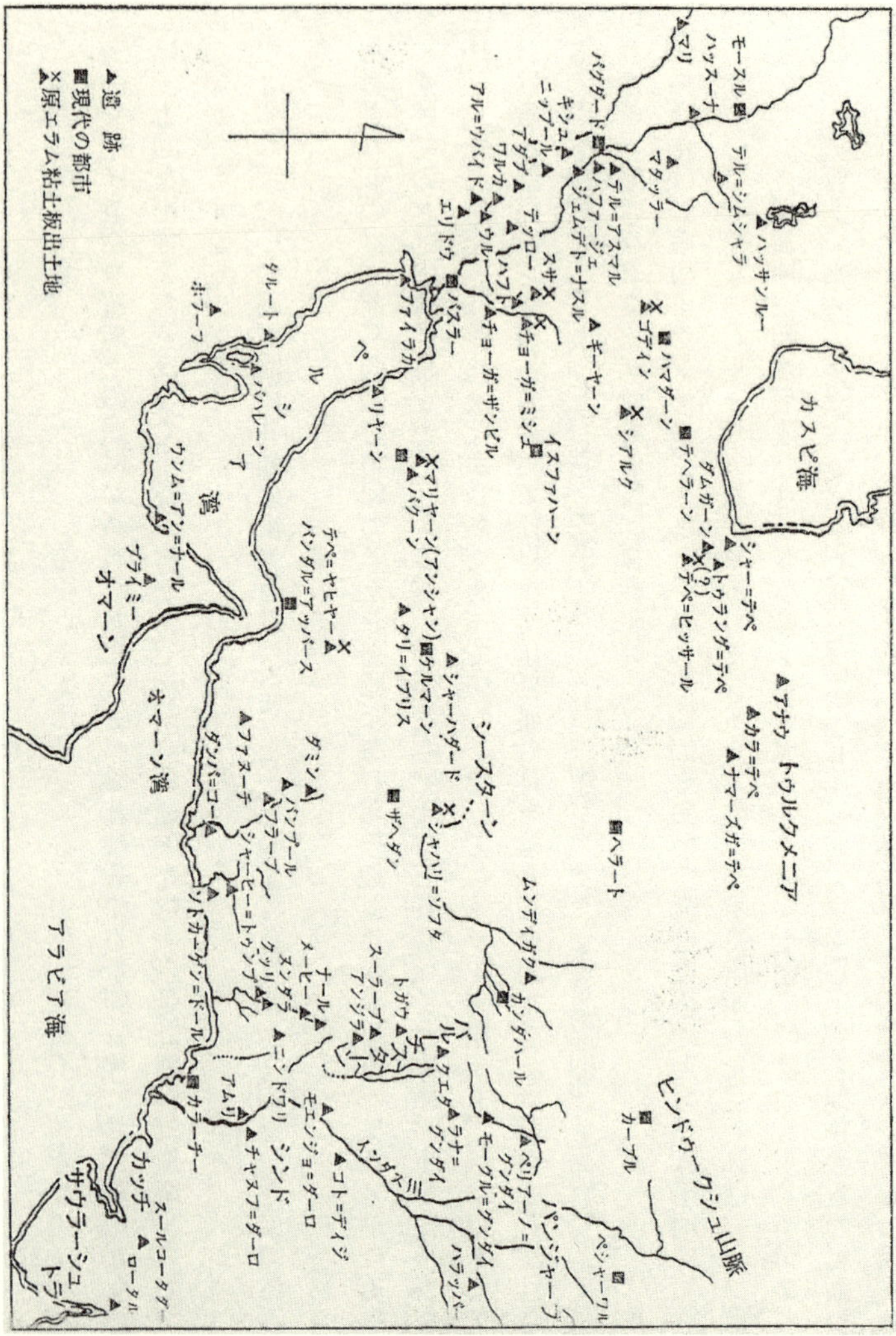

直前か、少なくとも原初的な国家をすでに南西イランのフジスターンに形成していたように思われる。

彼らは、イラン高原のほぼ全域に至る、極めて広い範囲をその影響下に治めており、北はおそらくカスピ海南岸のテペ＝ヒッサール（ＩＶ期）、南はシーラーズに近いタリ＝マリヤーンを経てケルマーン地方のテペ＝ヒャー（ＩＶＣ期）、東はアフガニスタンの国境に近いシースターンの砂漠のシャハリ＝ソフタにまで広がっている。

これらの遺跡に見られる文化が、おそらく、フジスターンのスサに中枢をおくセンターのコントロールによって交易活動を行っていたことは（これらの地〈テペ＝ヒッサール〉にはやや疑いがあるが）、この文化の指標遺物である「簿記用の粘土板」が出土していることからも明らかである。

しかし、これらの遺物がすべて単一の文化に属していたかというと、そうとも言い切れない。すなわち、例の**粘土板**を除けば、遺物の上で、たとえばシャハリ＝ソフタや、テペ＝ヒッサールⅣ期の土器は、スサ（十六〜十四層）のものとは異なっているからだ。

スサから遠方のこれらの地が、単なる交易のための出張所であったのかどうかも、一概には言えない。シアクルやテペ＝ヒャーなどは、ランバーグ・カーロフスキーによれば、この「国」の直轄下にあった可能性すら示唆されているのだ。

さらに興味深いことに、この原エラム文化が、より間接的にではあるが、遺物上さらに北東のトゥルクメニアとも関連を持ち、さらにはこのトゥルクメニアの諸文化が、アフガニスタンやバルチスターンの、ひいては遠く、ややのちの**インダス文明**とも関連を持つとされているのである。

☆　☆　☆

インダス文明を建てた「サカ族」

このようにして、われわれは仰韶文化、ナマヅガ文化、インダス文化がきわめて広大な一つの文明圏に属していたことを識《し》るのである。

ここであらかじめ結論を述べると、インダス文明の担い手は韓（桓）民族であり、そしてこの時の韓民族とは、サカ族が率いるドラヴィダ族だった。古い奴隷族であったこのドラヴィダ族が、従来は、南インドの巨石文化の担い手であると言われてきた。

この問題について、先に引用した『インダス文明』は次のように述べる。

バルボラの論は、考古学的にはレシュニクの説ほど整備されていないが、文献資料を駆使して、「巨石文化」の担い手を、ドラヴィダ民族ではなく遊牧民集団であったとする。『リグヴェーダ』を成立させた、いわゆる「ヴェーディック＝アーリアン」は、一般に前一五〇〇年頃インド亜大陸に来住したと考えられているが、バルボラによれば、その「ヴェーディック＝アーリアン」より以前にインド亜大陸に来住して土着化したアーリア民族（ミタンニ人）

の一団があったという。

バルボラは、その一団を、『古代インド史B』のヴェーダ文献中で、「ヴラーティヤ」と呼ばれた、一般に蔑視されている者たちであるとして、このヴラーティヤこそが南インドに進出して「巨石文化」を齎《もたら》したのだという。

このソビエト・フィンランド両チーム学者の説には、まだ説得力を欠く視点（例えば、南インドに到達する以前に通過したと考えられる北西インド、西インドにはほとんど巨石墓を残していない点）などがあるものの、ハイメンドルフの説よりは難点が少ないように思われる。

☆　☆　☆

バルボラの指摘するヴラーティヤは、実は混血アーリアンのクシャトリアで、のちに述べるように、前六世紀、ガンジス河流域にマガダ（摩竭陀）国を建てている。

この人々が太古のナマヅガ人であって、ナマヅガ文化を生んだ檀君朝鮮民族は、羊加《ようか》のサカ族が牛加《ぎゅうか》のドラヴィダ族を率いていた混成部族（古い牧畜民と農耕民との混合集団）だったのである。

サカ族がバンチェン文化を採り入れてインダス文明をつくったとき、サカ族はアッカドに朝貢して、その経済圏に組み込まれていた。これについて、有名な「**サルゴンの碑文**」は、「彼はアガデの波止場に、メルッハ（インドの港湾都市）からの船、マガン（海人族）からの船、ディルムンからの船を停泊せしめた」と記している。

のちに説明するように、このサカ族がわれわれの饒速日《ニギハヤヒ》の天孫降臨説話につながるのである。

ちなみに、元禄三年（一六九〇年）、ドイツの医者ケンプエルは、オランダの日本商館（長崎港）に派遣されて世界史を研究したのち、「創世記の言語攪乱ののちに、人々は四方に旅した。日本に来た人々は、裏海《りかい》（カスピ海）の東方からウラル川をさかのぼり、さらに東方に進んでモンゴル北方のアムール河上流に至り、川沿いにアジア大陸の東岸に出て、朝鮮半島に達した。そして、船に乗って対馬・壱岐から日本に上陸した」と主張した。

史実と比べて〝試行錯誤〟はあるものの、当時のヨーロッパ人としては、「先見の明」があったといえる。まことに、学問の歩みは遅々《ちち》たるものではないか！

バンチェン文明と「龍山文化」

仰韶《ヤンシャオ》文化がナマヅガから陸路渡来した彩陶文化だったのに比して、龍山《ロンシャン》文化は南方から海路によって持ち込まれた黒陶文化であった。

その後、ユーラシア大陸の超古代史は次のように発展している。

①前六〇〇〇年頃、タイ北東部コラート高原のバンチェンに、稲作を伴う農耕文化が花開いた。バンチェンの土器は黒色で、刻文による多種多様の渦巻文のものが出土することから、日本の縄文土器との相関性が考えられる。

②同じ頃、オクサス河とインダス河の上流域バタフシャン（今のトルクメニア地方）に、牧

羊（牧畜と農耕の複合）民族によってナマヅガ文化という彩陶文化が起こった。この文化の担い手は、サカ族とドラヴィダ族であり、彼らはのちに檀君朝鮮人と番韓人の主力となった。

③前五五〇〇年頃、華北で新石器時代の原始農耕文化が始まった（陝西省西安市郊外の半坡遺跡）。アワを主食とし、豚を飼い、漁業と狩猟が盛んであった。住居は半地下式と平地式であったが、前者は日本の竪穴式住居に似ている。住居地域に児童のカメ棺があり、これも日本で発見されるものと同一。全体として優れた彩陶文化で、紡錘車も出土している。織物や莚には模様を印した痕跡があり、「彩陶人面魚文鉢（人頭魚身のオアンネス画像）」なども出土している。

④前五〇〇〇年頃、パン小麦文化はユーラシア大陸の西方地域に向けて伝播し始め、稲作文化は東アジア地域に向けて伝播し始めた。

この頃、揚子江下流域に原初的な稲作の集落が起こっている（浙江省余姚《よとう》県河姆渡《かぼと》遺跡）。この遺跡から、日本と同型の約七千年前の玦状《けつじょう》耳飾り（直径五センチ前後の硬玉製の装身具）が発見されている。さらに、アフリカ産のヒョウタン、インド産の緑豆、中国産の紫蘇・エゴマ、ヨーロッパ産の牛蒡などの縄文野菜がフェニキア人の手で運ばれて、中国から日本へ伝来している。

⑤前四五〇〇年頃、ナマヅガの彩陶文化が黄河上流域に伝わり、甘粛《カンスー》彩陶文化が始まった。

前四〇〇〇年頃、ナマヅガ彩文土器の熟成期を迎えたころ、アムダリヤ上流のバタフシャン産ラピスラズリを商《あきな》う羊トーテムのサカ族と、牛トーテムの月氏の隊商が、馬や船などによってバビロンのスサからウルに入った。すなわち、ナマヅガ文化はサカ族（ドイツ語ではサカイ族）やドラヴィダ族によって運ばれ、イラン高原における「原エラム文化」に影響を与えた。ラピスラズリが、ハラッパ文化以前のコト・ダィジ遺跡から発見されていることから、彼らがインダス文化の原型を作っていたことがわかる。イラン高原文化を受容したナマヅガ文化が、綏遠地域を経て、黄河流域の仰韶文化あるいはカラスク文化となったのである。

⑥前三八〇〇年頃、タイ北東部高原のバンチェンに、青銅と錫の混合による「**青銅器文化**」が起こった（タイの隣国ラオスは世界一の錫の宝庫）。バンチェン遺跡から、回転印章による文様を刷り込んだ絹布などが数多く発見されていることから、当時、すでに蚕を飼い絹織物を作るなどの「**先進文化**」が隆盛していたことがわかる。

⑦前三六〇〇年頃、優れた金属文化を伴う「**古代バンチェン王国**」が成立した。この国の縄目文様の黒色（または灰色）陶器文化（＝縄文土器文化）は、シュメール人（王族ナーガ族）と、その協力者・苗族との、世界唯一の先進文化であった。

⑧前三五〇〇年頃、メソポタミアおよびエジプトに「古代文明（オリエントの青銅器時代）」が始まっている。『西洋史』のいう「エリドゥの原シュメール人や古代エジプト人」とは、スンダ亜大陸出身のシュメール人（王族は蛇トーテムのナーガ族）に率いられた「**バンチエン王国・文明移民団**」のことであった。

この頃、シュメール人がメソポタミアの南部にウンマ・ウル、ラガシュなどの都市国家を建設した。銅と錫の合金である青銅を使った器や、楔形文字を使いはじめている。これらの青銅器文化は、これより四方に伝播していった。

⑨中国山東省に、バンチェン王国より渡来した苗族の移民団によって、金属文化を伴う黒陶（灰陶）の龍山《ロンシャン》文化が始まった（山東省歴城県竜山鎮の城子崖《じょうしがい》遺跡）。

バンチェンとシュメールの文化

鹿島昇は、『バンチェン／倭人のルーツ』において次のように述べている。

前四〇〇〇年から三五〇〇年に至る「ウバイド期」において、オリエント文化の中心はハラフやイラン高原などの高地から南部のシュメール地方に移り、そこで力を蓄えたウバイド文化は、逆に両大河（ティグリス・ユーフラテス）の中流・上流域に進出した。

シュメール最古の遺跡は、最下層の十七～十五層がエリドゥ期、十一～八層がウバイド前期、七、六層が同後期、五～一層がウルク期であるが、河口の町エリドゥの市神エンキがウバイド期に祀られている。したがって、いわゆる「シュメール文明」は、前四〇〇〇年以降、バンチェン王国の移民団が東方から渡来して河口に上陸し、そこで高地人と接触しながら、やがてウバイド期の混合文化をつくったものと推理されている。

バンチェン一、二層の文化（前三六〇〇～二九〇〇年）の年代は、ウバイド期からウルク期を経て、星型印章のある彩色土器の南海型＝J・D初期のものに相当する。続くウルク期（前三五〇〇～三二〇〇年）の文化は都市文化であって、ウバイド期の彩文土器とは異質の無文土器が使用され、注口土器なども現れて、それらが轆轤《ろくろ》によって大量に作られ始めている。さらに、ウルク後期には文字が発明されたから、このウルク期に新文明を持ったシュメール人が到来したことが推測されるのである。

筆者は、バンチェン遺跡の一、二層人（バンチェン王国の植民団）は、すでに確立されていた海上の道を約五世紀もかけてたどりながら、前三五〇〇年頃、〝新シュメール〟に到達し、ウルク文化に加わったと考えたい。さらに、これらのバンチェン人はフッリ人やメルッハ人の祖形グループで、中国史の伏犧《ふくぎ》氏だとしたい。

これに対して、先に述べたナマヅガからアラビア半島を経てウル、ウルクに至った人々は、カルデア人または女媧《じょか》氏である。女媧、伏犧の両氏が人頭蛇身であることは海人族を表し、また、このようにしてヒッタイト人の絵文字＝フッリ人の文字と考えれば、これがインドネシアのバリー人絵文字文化や、メナド人の絵文字文化＝中南米のマヤ文化に類似することが理解できるのである。

『倭人興亡史』第二十章は、女媧氏と伏犧氏を「和義」と記し、青銅の剣神ニンギルスの一族であるとしていて、これがユダヤ人の祖形だとも言われているが、タイの石刻画と、J・D期彩陶（写真2、3参照）に見られる〝ソロモンの星〟レリーフも、その証明の一つになるであ

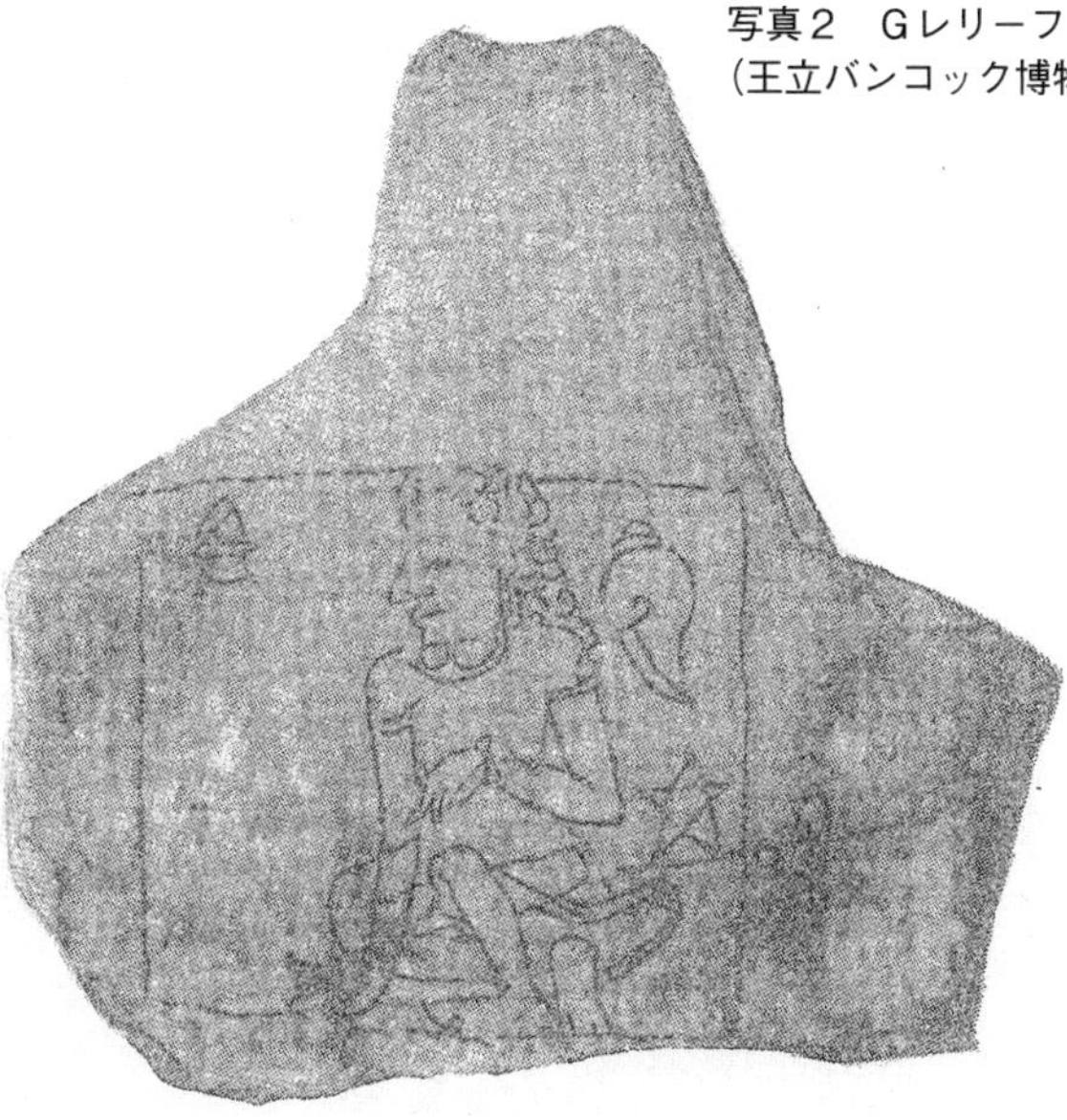

写真２　Ｇレリーフ
（王立バンコック博物館蔵）

写真３
Ｊ・Ｄ期のろくろによる彩色
土器（マロワン前掲著）

ろう。

西洋史学は「シュメール文明」に始まったのか？

「歴史はシュメールに始まる」というのが、目下のところ西洋史学者の定説である。十七、十八世紀頃、ヨーロッパ人は『旧約聖書』の伝える「エデンの園やバビロンの繁栄、バベルの塔の遺跡」を発見しようようとして、商用を兼ねて盛んに中近東へ旅行した。

彼らは、奇妙な楔形《くさびがた》の印の刻まれた「粘土板《ねんどばん》」を装飾模様と思い込み、これを旅の土産としていた。ところが、やがてこれが文字だと判明。これをきっかけに、エジプトの「象形文字」の解読、中近東各地の遺跡の発掘などと相俟《あいま》って、古代オリエント史の内容は俄かに豊かになった。まさに「光は東方から」やって来たのである。

と同時に、それまで最古の記録とみなされてきた「旧約聖書」には、実は「種本」があったのではないか、という疑いまで生じてきた。アダムとイブに始まり、ノアの子セムの系譜・セム族のバビロニア人が、メソポタミア文明の最古の建設者だという考えも、根本的に見直さなければならないことになってしまった。

『聖書』が、十八世紀の啓蒙思想の洗礼を受けて批判的に読まれるようになっていたこと、さらに、科学の発達に刺激されて、『旧約』がどの程度の真実を含んでいるかを証明しようとする動きも、古代オリエント史の解明を助長したようである。

前五〇〇年頃、バビロンにあった〝バベルの塔〟の神官ベロッソスが、ベル神殿から持ちだしたという粘土板『ベルの目』には、シュメール人に始まる文明再建の神話が記されており、この神話の語り手は、海からやって来た**オアンネス**という蛇人間（蛇をトーテムとするシュメール人のナーガ族）であったという。

『旧約聖書』が記すエデンの園の蛇人間は、アダムとイブにセックスを伝授しているが、この『ベルの目』の粘土板を翻訳したアイザック・ブレストン・コリーの『古代拾遺』によれば、「前三六〇〇年頃、両棲類のオアンネス（実はタイのバンチェン人）はバビロンの人々に占星術、数学、建築などを教えた」と述べている。

これを歴史的に考えれば、前三五〇〇年頃、ユーフラテス河口の、ペルシャ湾に望むウル市を支配していたシュメール人の王メス・アンニ・パッダが、スンダ大陸由来の〝バンチェン文明〟を伝授されて、「ウル第一王朝」という新国家を建設したということになるであろう。

また、同じオリエント文明圏の出来事として、前三一〇〇年頃、バンチェン人であった上エジプト王国のメネス王が上下エジプトを統一し、「エジプト第一王朝」を創始して、王都をメンフィスに定めている。この頃、ヒエログリフ（象形文字）や伝統的美術様式が出現し、次第に整えられていった。

前二九〇〇年頃、ヘテプセケムイ王、エジプト第二王朝創始。

前二八九〇年頃、遊牧民セム族の大酋長・サルゴンがシュメール人の地に乱入して、以後、メソポタミアの各種族の興亡が繰り広げられるようになった。アッカド人であるサルゴンはキシュ市を奪い、ウルク市を破って全シュメールを平定してバビロンに居を定め、アッカド王朝を建てると、サルゴン一世を名乗った。彼は統治中に三十四回外征し、後世「戦いの王」として知られるようになるが、ペルシャ湾から、東はインダス河、南はバーレーン、オマーンまでを領土とし、自ら「四界の王」と称した。

アッカド人〝サルゴン王〟の登場

一説によれば、サルゴンの母は、イシュタールの神殿に仕える処女の巫女であったが、うっかり妊娠してしまい、神罰を恐れて、赤子をユーフラテス河に捨てた。すると、それを水汲み人足が拾って育てたという。

すでにおわかりであろうが、このサルゴンの「捨て子伝説」は、預言者モーゼがナイル河に捨て子にされたのを、エジプトのファラオの娘が拾って育てたという伝承に改竄され、さらには、イエス・キリストの母マリアの処女懐胎伝説と交じり合うことになる。

「四界の王」と称したサルゴンではあったが、一方で、自分の娘をウルとウル市の大地母神イシュタール神殿の巫女にした。ということは、シュメール人の母権社会との妥協を図ったものと見るべきであろう。

サルゴンが率いたアッカド人は、遊牧民の蛮族であったから、高度な文明に洗練されたシュメール人の女を盛んに乱暴した。もともと母権社会は一妻多夫の社会であるから、彼らはそれを性的暴行とも思わなかったのである。こうして農耕民との混血・融合が行われ、アッカド人はシュメール化していった。

〝ハムラビ法典〟と「十戒」

バビロニアに定住してすっかりシュメール化（文明化）したセム族のアッカド人を襲ったのが、やはりセム族の、さらに獰猛なアモル人であった。その六代目の首領（大酋長）が、史上に名高い〝ハムラビ大王〟である。「眼には眼を、歯には歯を！」で有名な、『ハムラビ法典』を定めた大王のことである。

『旧約聖書』のハイライト、預言者モーゼが〝神〟から授かったという「十戒」（西洋人が信じる〝唯一神〟の教え）は、このハムラビ法典を下敷きにして考案され、ユダヤ人の「戒律」としたものであった。

〔十戒〕

（一）我は汝らの神、唯一にして全能の神なり。我以外の如何《いか》なるものも、神とすべからず。

（二）偶像を刻《きざ》んで神とする勿《なか》れ。我は嫉妬《しっと》深き神なれば、我を憎む者には子々孫々にまで罪を問い、我を愛し、我が戒めを守る者には千代《せんだい》までの恩恵《めぐみ》を与えん。

（三）汝の神、エホバの名をみだりに称うること勿れ。
（四）週の七日目を安息日と為し、如何なる仕事も為すべからず。七日目は汝の神エホバの安息日なればなり。
（五）汝の父母を敬え。
（六）汝、殺す勿れ。
（七）汝、姦淫する勿れ。
（八）汝、盗む勿れ。
（九）汝、虚妄の証拠を立つる勿れ。
（十）汝、隣人の妻および、奴隷、家畜など、いっさいの所有《もちもの》を貪る勿れ。

さて、この十戒が「ハムラビ法典」を下敷きにしていることはよく言われていることであるが、これは大変な戒めである。

この戒律の精神、すなわち他宗教を排斥し、復讐する誓いを、いまだに喧々服膺《けんけんふくよう》しているのが、セム族の国家＝アラビアとイスラエルである。「兄弟は他人の始まり」というが、昔も今も変わらぬ人間の業《ごう》というべきであろうか。

イスラエル人とは何者なのか

『旧約聖書』によれば、前一九〇〇年頃、ユダヤ人の中興の祖・アブラハムがメソポタミアのウル市に生まれ、やがて成長すると、一家一族を率いてカナーンの地へ移動した。アブラハムの孫がヤコブで、ヤコブは後に自分の名をイスラエルと改めた。当時は一夫多妻制で、イスラエルには伯父バランの娘で姉のレア、レアの美しい召使ジルバ、レアの妹のラケル、ラケルの美しい召使ビルハの四人の妻がおり、それぞれの妻との間に次のような十二人の息子が生まれた。

・レアとの子ども………ルベン、シメオン、レビ、ユダ、イッサカル、ゼブルン
・ジルバとの子ども………ガド、アシェル
・妹ラケルとの子ども……ヨセフ、ベニヤミン
・ビルハとの子ども………ダン、ナフタリ

このイスラエルの十二人の息子たちの子孫が、のちに「**イスラエルの十二部族**」を形成することになる。したがって、この十二部族こそが「イスラエル人」と呼ばれる人々なのである。

古代フェニキア人の「十三《とさ》湖《みなと》（湊）」

地球上の大陸の中で、アジアは多くの島々から成り立っている。そして特に日本列島は、豊かな自然と多くの良港に恵まれているが、今の津軽（青森県市浦《しうら》村）十三湖は、古代には十三湊と呼ばれていた。この港は、中世～近世の「三津七湊《さんしんしちそう》」の中に数えられている。

・三津《さんしん》とは…　①薩摩の坊ノ津②筑前の博多津③畿内の和泉堺津のこと。
・七湊《しちそう》とは…　①越前の三国②加賀の本吉③能登の輪島④越中の岩瀬⑤越後の今町⑥出羽の秋田⑦津軽の十三湊《とさみなと》のこと。

平成三年（一九九一年）から、東北学院大加藤孝教授らによる（青森県北津軽郡市浦村）十三地区の発掘調査が実施され、今まで隠されていた中世の遺構が出土した。こうして、東北で中世最大級の山王坊遺跡が考古学的に実証されたのだが、室町時代前期、興国二年（一三四五年）の大津波によって滅んだと伝承されている縄文時代の「超古代十三湊」の貴重な遺跡は、ついに発見されなかった。

しかし、中原和人氏の「筋収縮力テスト法」による検証によれば、超古代からこの地に、世界有数の港湾都市が栄えていたことは間違いないという。いまわれわれは、この十三湊の存在を抜きにして、世界史の中で燦然と輝くであろう縄文時代の歴史を語ることはできないのである。

縄文晩期、弥生時代以降の「オロッコ人」

◎縄文晩期（四千年前）にツングース（アイヌ人）がやって来て**亀ヶ岡人**（青森県木造町亀ヶ岡遺跡の人々）となり、美麗な文様の〝亀ヶ岡式土器〟を作った。

◎続縄文期（本州の弥生時代以降）にやって来たフゴッペ人（フゴッペ洞窟、フゴッペ文字に代表される文化の担い手）はオロッコ人である。
◎擦文文化時代（八世紀以後）にやって来たオホーツク文化の担い手、オホーツク人はオロッコ人（約八〇％）が中心であり、このオロッコ人にアーリア人（コーカソイド）の血が混じったツングース（アイヌ人）も若干（約二〇％）加わっていた。
◎八世紀初頭に成立した藤原四家のうち、式家の祖となった宇合《うまかい》（不比等の三男）撰とされる『常陸風土記』のなかで、「国巣《くず》、山の佐伯、野の佐伯」と言われている人々は、実はオロッコ人のことである。

奈良時代以後、日本に〝**漢字文化を持ち込んだ人々**〟によって、人間の〝国巣《くず》〟のように言われているオロッコ人は、実は本稿で繰り返し論じてきたように、
①世界最古の縄文土器をつくり、
②帆船交易による東アジア文化圏を確立し、
③世界最古の漆《うるし》加工技術を開花させた。
④約七千五百年前からの〝三内丸山遺跡《さんだいまるやま》〟はその象徴である！

漢字文化の伝承によれば、後からの渡来人ツングース（アイヌ人）は、オロッコ人のことを、「先住民」を意味する〝オロチョン〟と呼んでいた。また、市浦村史資料の『東日流外三郡誌』

には〝アソべ族〟（アソビ族?）と書かれている。

『常陸風土記』にいう「国巣、山の佐伯、野の佐伯」の佐伯（サエキ）から、オロチョン系のサハキ➡サワキという姓が起こったらしい。

オロッコ人シャーマン系（リーダー）としての姓には、秋田氏、長谷川氏、澤木氏などがある。東北地方のマタギもオロッコ人である。

安倍（安部）氏、安東（安藤）氏、東北の藤原氏（平泉文化を築いた藤原氏三代）らは、荒《あら》吐《と》族（アラバキという読みは誤り）といわれる人々である。

荒吐族は、九州において扶余《ふよ》族神武および公孫氏（イッサカル族）と戦ったのちに東北へ亡命して来た狗奴《くぬ》国（沖縄）王・長髄彦（フェニキア人とツングースの混血＝高句麗人）系と、東北ツングース（アイヌ人）あるいは一部オロッコ人との混血である。

ちなみに、荒吐五王国の五王は、高句麗五加＝五部族の連合移民団を表しており、この狗奴国の移民団は、神祖・国常立命《くにのとこたちのみこと》（フェニキア人シャーマン）の後裔王族が、奇子朝鮮の人々を率いて移動して来た経緯を示している。

ところが、この荒吐を「あらばき」と読む人がいて、弘前市には〝アラバキさま〟の「古い祠」まで立ててあるという。だが、「荒吐」は本稿の振り仮名のように「アラト」と読むのが正しい。

では、次項でその由来を、耶律羽之撰、鹿島曻解の『倭人興亡史』（新国民社）によって述べるとしよう。

荒吐族（アラト族）の「太陽信仰」

『倭人興亡史』第一章「神鏡」には、次のように書いてある。

日若《ここ》に諸《これ》を稽《かんが》みるに、傳《でん》にこれありて曰《いわ》く神は耀體《ようたい》。以って能《よ》く名づくる無《な》し。惟鑑《これかがみ》能《よ》く象《かたど》る。故に鑑を称して日神體《かがみ》という。読んで戛珂旻《かがみ》の如し。

【解釈】

そもそも（古代人が）太陽を考えるに、神は太陽の如く輝き、言葉でよく表しえないが、青銅鏡はよくこれを表している。よって鏡を「日神体」と書いて〝カガミ〟と読むと言い伝えられる。

『倭人興亡史』の第一章は、この超古代人の「トーテム」が青銅鏡であるとして、青銅器文化以降のことを記している。

続いて第二章では、日祖を「阿乃迂翅云戞霊明《アメウシウカルメ》」とするが、「阿乃」はパンジャップ・アーリアの前期ヴェーダ時代の五族にある〝アメ族〟の意味もあり、契丹語では契丹人、山窩《さんか》語では太陽の意であるが、メソポタミアのアヌ神がルーツであろう。

ところで、インドのアメ族は前期ヴェーダ時代には失われており、北上してサマルカンドに入った可能性もある。サマルカンドとは『宮下（岩間）文書』のマグリ国のことであり、『紀』が記すサクリ国は、そのマグリ国の分国であった。また、扶余王のアグリ姓もマグリ姓が訛ったもので、ここからきている。

次に、「戞霊明《カルメ》」の「戞《カ》」は、同著の第十九章によれば「日」のことであるから、「日霊明《ヒルメ》」となり、「神霊明《カルメ》」、すなわち「神皇産霊神《かみむすびのかみ》」を意味する。また、「カルメ↓カルミ」となって朝鮮史の「檀君桓因」にも通じる。

さらに、辰云珥素佐煩奈《シウミスサボナ》の「素佐」は、ペルシャの王都スサと共に「ミソギ」を表す。ペルシャはユダヤ人とフッリ人を人民とする国家であり、カロシティ文字のルーツとなるアラム文字を持っていた。のちの『上記《うえつふみ》』（源氏のウエツフミ）のウエツ文字は、アラム文字の変形である。

この後、西域と呼ばれる東西トルキスタンに「メディア」を建国したあと、前六世紀頃、アケメネス・ペルシャが世界帝国をつくり、前四世紀、アレキサンダー大王の東征のとき、中国に「大秦国」を建てるのだが、もともとサマルカンドにはユダヤ人のコロニーがあり、またスサの総監もユダヤ人で、スサの石柱には十六弁の菊花紋があった。

これより先、前十三世紀末ごろ、「鉄文化」を独占していたヒッタイト王国が崩壊して、この文化がインド亜大陸などへ波及するが、中国の古文書『穆《ぼく》天子伝』は、「穆王《ぼくおう》が天山山脈東北端のベルクル湖の辺りで、西王母《せいおうぼ》から長命文化を受容した」とあり、これは実は、アッシリアとサカ族との接触のことであろう。

前一二〇〇年頃、九州国東半島一帯に、ヒッタイトの首都「ハットウサ」から名をとった宇佐八幡（ハツマン）の製鉄基地がつくられて、中国の殷文化圏（華北の殷墟《いんきょ》遺跡）へ供給し始めている。なお、フィンランドにも「ハットウラ」「イナリ」などの地名があるが、これもチュルク族の西遷によるものと考えられる。

さて、『倭人興亡史』第三章に「順瑳檀弥固《スサダンミコ》」という言葉が出てくるが、これは「スサ」を表すとともに「檀君の巫女」を意味し、「檀君桓因の子桓雄」ということになる。したがって、「日孫読んで戞勃《カム》（カモ）」とあるのも、「カムを桓因」と解すべきであるが、同時に「禊《みそぎ》した王」の意味でもある。のちのアケメネス・ペルシャの王都スサは、もともとエラム人の都で、『倭人興亡史』によれば、「神祖がエラム族を懲らしめてスサで禊させた」とあるから、みそぎの町を意味している。

「スサダンの（ナ）ミコ」は、イシン建国後の〝海の国王家〟に生まれたのである。また、カモは神（カミ）にも通じるのであろう。

続いて第五章に「神祖名は図己曳乃訶斗《トコヨミカド》、始め盬父《インフ》の陰に降り」とあるのは、国常立命の一族が奇子朝鮮王朝に合したことを表す。すなわち、「殷の始祖」伝承では、「殷王が狄女《てきじょ》（胡《えびす》女《おんな》）と婚した」とあるが、イシンとアラムの同盟を示し、「スサダンの（ナ）ミコ」＝国常立命がイシン系奇子朝鮮に合体したことを表している。

第一章「神鏡」で述べられているように、三種の神器の筆頭が「神鏡」であることは、倭人のトーテムが青銅鏡であることの証拠となろう。実は、この「神鏡」は月神《げっしん》を表すのであるが、ここで倭人について少し考察しておきたい。

アッシリア人＝アラム人とは何か

『倭人興亡史』の第五章は、「鞅綏《アシ》の陽に居り、截《すなわ》ちまた辰迂《シウ》氏有り」として、別系の辰迂氏が倭国のトヨアシハラで「阿辰迂須《アシムス》氏」を名乗ったとある。この辰迂氏は、イシンのアラム人のあと王朝を建てた「海の国」のカルデア人ともとれるが、アッシュールのアラム人＝アッシリア人のことであろう。アッシリアの始祖エラ・カブカブはアラム人なのである。

なお、「鞅綏《アシ》」とは「阿斯達《アシタ》」のことであるが、仏教説話では、「アシタ」は釈迦の将来を予見した神仙のことになる。筆者は、月支《げつし》＝月氏《げつし》が仏教成立以前から活躍していたことを考え、「檀君神話」の「アシタ」が仏教説話のルーツであったとしたい。

　ところで、山窩族長の「平十字」が伝える「カタカムナの詠《うた》い」にもアシア族のことが記されている。チュルク族（高令《こうれい》）の王も阿史那《アシナ》である。この扶余・辰国の人々が倭人なのであろうが、のちに契丹が平壌《ピョンヤン》を故地であるとして高麗を攻撃してきたとき、高麗内部から「禾《て》尺《ひと》・白丁《はくちょう》・楊水尺《ようすいしゃく》」の民族が「われわれは倭人であり、契丹の同族である」として内応したことは、注目されてよい。

「楊水尺」は、最近まで、わが国・皮革業の人々の竪穴式酒造工場と同じものを使用していたが、この竪穴式住居は縄文時代晩期以降の住居で、『宮下文書』には第三神朝の住居ともあり、また陝西省西安東方の「半坡《はんぱ》遺跡」にもあって、古来この人々が「穴音」という竪穴で作業する習慣があるという（『シナ住宅史』中国風俗順天ノ条／参照）。

『日本書紀』にも、「ヤマト（奈良大和）の漢《アヤ》の禾尺（才人《てひと》）歓因知利《かんいんさとり》」とあり、この人々が百済王朝の盛時から存在していたことが判るのである。

　筆者は、倭人（和人）とはアラム族の同類で、カルデア人とフッリ人の両族を含むと考えたいのであるが、これがナマヅガ文化の「サカ族」であり、南淮委《みなみわい》と記された扶余民族で、のちに「扶余国」と「奇子国」となる。その王家・辰王は、のちにハム族の賁彌《ひみ》氏に代わるから、禾尺《テヒト》の人々は、わが国の〝山窩系の人々〟と共に、中国大陸や朝鮮半島から渡来した「扶余人」や「天の王朝」系の末裔と解してよいのである。

天の王朝（扶余民族）と『倭人興亡史』

さて、朝鮮半島の蘇民は、新羅・高麗のとき、一部は禾尺・楊水尺として半島に残り、一部は北上して契丹を建てた。浜名寛祐は、契丹の語も「奇契丹燕《キキタエ》から来たものだ」としているが、契丹王こそ北帰した扶余族＝すなわち蘇民の王であり、その同族がわが国の「山窩《さんか》・穢多《えた》」として残るのだが、元々は「天の王朝」の支族である。また、契丹は三度高麗を征して、満州・北鮮の地に蘇民（天孫民族）の栄光を遺している。

半島に残った蘇民、即ち禾尺・楊水尺の人々は、こののち李朝の時代には「白丁《パクチョ》」といわれたが、元民族《げんみんぞく》を取り入れて同族としており、元民族もまた倭人を中核としていたと考えたい。ジンギス汗の九流の白旗も、笹りんどうの紋章と共に「源氏紋」と同一であり、天乙は白色を「殷の聖色」としたが、ユダヤ民族の戦旗でもあって、もともとヤーウエ・ニッシュと同じであろう。また笹竜胆《ささりんどう》は昔氏《せき》（サカ族）の「サカ」→「ササ」から生まれたのであるが、白色は月光を表す（砂漠の旅は〝月光〟が頼りであった）。

なお、近江の佐々木源氏は酒神伝承を持ち、その四菱《よつびし》の紋章は「器」から「犬」を隠したものであるが、サカ族もまた酒神ソーマの末と主張し、「鹿」をトーテムとして「犬」を忌むのである。ジンギス汗は蒼狼と白鹿の末であるが、「蒼狼」は犬戎《けんじゅう》と高令《こうれい》、「白鹿」はこれに従うサカ族を表す。なお、英雄ジンギス汗が決戦を前にして単身高山に登り、「神に祈りを捧げた」のは、モーゼが神託を受けた姿と同じであった。

『契丹北倭記（倭人興亡史）』は、「**天の王朝**」が、のちに天皇家となるハム系チュルク族の賁《ひ》彌《み》氏に王統を譲ったとするが、ハム族もセム族も「イナンナ神」を祀る同族であった。

ジョージ・ルーカスの『スター・ウォーズ』のプロローグに、「サガ〈英雄伝説〉第一章より」と記してあるが、これが北欧フィン族の神話＝エッダとサガのことであるのは、ヨーロッパ人なら三歳の童子でも知っている。

最近、サカ族のサカ（サガ）が「大角鹿」を意味することを知ったとき、学者は驚愕したのであるが、サガはサカのことで、実はエッダとサガはわが国の穢多と山窩の語源なのであるから、これを差別語として考えるのは根拠がない。カルデア人の主神インザクも鹿の神であり、スキタイも大角鹿の部族である。

以上の史観に基づいて、『倭人興亡史』第一章について考えたい。

まず、この青銅鏡をトーテムとする人々とは東夷であって、「殷」は夷を意味し、東夷の国であるが、もともと「商」といい、「殷文化圏」を乗っ取った周の人々＝西周の移民団が、先住の〝商文化圏〟を卑《いや》しめて「殷」を国号としたといわれている。「夷」が東夷であることは、従来の学者間では疑問を持たれなかったのであるが、実は、殷代には「西夷」と書かれていた。

夷が東夷となったのは周代以降で、殷代までは夷が西夷もしくは北西夷として考えられていたこと、そしてこの「夷」が天文を司る部族を中心にしていたことが判るのである。ただし、西とは、中国西域でなくバビロン地域なのだが、これは後に述べる。

このことは、いわゆる「殷の建国」が西方または北西から黄河流域（中原）に侵入した西夷によってなされ、その後、いわゆる「周の建国」によって、商文化圏の人々は東方に逃れて「東夷」とされたことを示している。

『倭人興亡史』は、第二十章に『神統志』を引用して「夷」の分類をしているが、この『神統志』は『旧約聖書』J型の祖形であって、あるいは、ユダヤ民族にミディアム人（プロト・スラブ人）が与えた「神代文字」の原点だったのかもしれない。

この『神統志』によれば、セム・ヤフェト・ユダヤ・ハムの「夷」族は、すべて青銅鏡を神の象徴とし、さらにこの四族の主神は同一であるとする。

ところで、この主神はジグラットの主神・月神ナンナだと解せられるから、青銅鏡とは月神の象徴であることが判る。したがって、倭人とサカ族・フン族とは同系であって、ともに月神を主神とするとともに、さらにそれを神鏡に象形しているのである。

浥婁（オロチョン）

『倭人興亡史』第九章「浥婁《ゆうろう》」（ヤマタノオロチ）の項は、次のようになっている。

ただ浥婁《ユウロウ》は異種。原称は羊鄂羅墜《ヤオロチ》。もと浥且《オソ》の地なり。神祖伐《シンソ》って元凶を懲《こ》らし、「化育」これを久しゅうす。

【解釈】

しかし浥婁族は異種である。もとヤオロチ族（ヤマタノオロチ）といって、鴨緑江《オーリョッコウ》流域にいた。神祖スサノオノ命が討って族長を懲らし、久しく化育した。

従来「浥婁」は北満州や樺太《カラフト》のオロチョン族と言われているが、実はこの浥且《オソ》は『東日流外三郡誌』のアソベ族で、民族学名「オロッコ人」のことである。

『魏志』東夷伝は、この縄文文明人のオロッコ人を卑しめて「オロチョン（アイヌ語）」と書いているが、漢の時代、すでに「宛《えん》の徐《じょ》氏（河南省の製鉄族）が遼東（南満州）に転進していた。すなわち鴨緑江の地域を占領していたので、宛の徐・東夷の土地＝浥且《オソ》の地と述べたのである。日本の国史では、羊鄂羅墜《ヤオロチ》は「ヤマタノオロチ」として書かれており、「オソ」は蝦夷《エゾ》の語源にもなっている。

この第九章を、「イシンのアラム人（宛の徐氏）が異族（先住民）を従えたこと」と考えると、涅妻はエラム人で、涅且《エソ》はエクバタナとなる。三世紀ごろの中国史では、エラム人は「燕（宛）人」となっているが、第二十四章にアラム系の箕子《きし》（奇子《きし》）族を智淮氏燕《ちえしえん》とあるから、エラム人とアラム人を同祖とすることになる。

三世紀初頭のいわゆる「**神武東征**」のとき、この侵略軍に敗れて津軽へ東遷した狗奴《くぬ》国（沖縄）王長髄彦の水軍（高句麗五加族）は、古来海人族の「アラムの人」と呼ばれていたが、いつしか「アラムヒト」が訛って「アラト」となり、やがて漢字で「荒吐族」と書かれるようになった。荒吐族の「吐」は、吐蕃（トバン＝西蔵《チベット》族）の例に見るごとく、当時の中国人は「吐（ト）」と発音していたのである。

ちなみに、オロッコ人は一万三千年前に、ワジャック人とヒッタイト人の混血によって、セレベス島のマカッサル（現在のウジュン・パンダン市）周辺で生まれた新モンゴロイドである。彼らは成人T細胞白血病ウイルス（ATLV-1）を持っていて、その血を引くツングース（アイヌ人）も同様である。

また、ツングースは約八千年前、バイカル湖西岸・イルクーツク市周辺でオロッコ人とアーリア人との混血によって生まれた新モンゴロイドであり、「アイヌ人」とも呼ばれ、蒙古班がない。彼らは、シベリアへ移動する際の中国大陸で、苗族のバンチェン文化と接触したのち、日本列島へ渡来して縄文人仲間に参入した。

わが国の民俗学界には、「アイヌとはヒトの意味である」と、知ったかぶり説を〝唱える人〟がいるようだが、全く根拠のない誤伝である。

『記紀』のウソを『旧事本紀大成経』が暴いている

江戸時代の第四代将軍家綱の治世、志摩半島の伊雑宮《いぞうのみや》が、本宮、すなわち近畿地方で最初に建てられた伊勢神宮元宮であることを、ガド族猿田彦系の神官が語部《かたりべ》として述べた史実を、延宝七年（一六七九年）発刊の『旧事本紀《くじほんき》大成経』が記している。

これを読んだ三重県の伊勢神宮＝内宮・外宮の神官らは、驚愕して、時の朝廷（百十二代霊元天皇）および幕府（五代将軍綱吉）に取り締まりを訴えた。その結果、この『大成経《たいせいきょう》』は偽書として弾圧され、公式に葬り去られた。これは、権力者の思い上がりというもので、秦始皇帝の「焚書坑儒」にも匹敵する暴挙というべきであろう。

中原和人氏の検証に基づく「史実」によれば、前五〇年頃、ユダヤ人ガド族五十名の先遣隊は、対馬の高天原（浅茅湾《あそう》・和ノ宮）を船出して、ゼブルン族より早く「東日流《つがる》の十三湖《とさみなと》」に到着した。このガド族猿田彦の部下たちは、十三湖に上陸後、先住のオロッコ人を奴隷にしている。

次に、前三〇年頃、鹿児島湾を船出して黒潮支流に乗り、十三湖に上陸したゼブルン族の先遣隊は、先住のツングース（アイヌ人）を支配下に置き、奴隷としている。

これらのガド族およびゼブルン族の先遣隊は、各々の奴隷たちを引き連れて太平洋海岸沿いに移動し、衣河流海《いかるがのうみ》・鹿島神宮（茨城県）、志摩半島・伊勢神宮（三重県）、熊野灘・熊野神宮（和歌山県）などにコロニーをつくっている。

しかしながら、江戸時代の儒学者たちには、その貴重な「失われた歴史」を〝知る由（術《すべ》）〟もなかったのであって、いま、畏友中原和人氏の「筋収縮力テスト法」検証によって、ようやく明らかになってきたのである。

いま、二十一世紀になって、その貴重な失われた歴史を復元し、広く世に知らせることによって、縄文時代〜弥生時代の歴史を見直し、新人類へと向かう人々の「道しるべ」とすることはできないものであろうか。

そのためには、まず〝大方の識者〟が真実の歴史を学ぶことが大切であると思う。

ちなみに、縄文時代の世界の海流を図示すれば、図9のとおりである。

図９　縄文時代の世界の海流

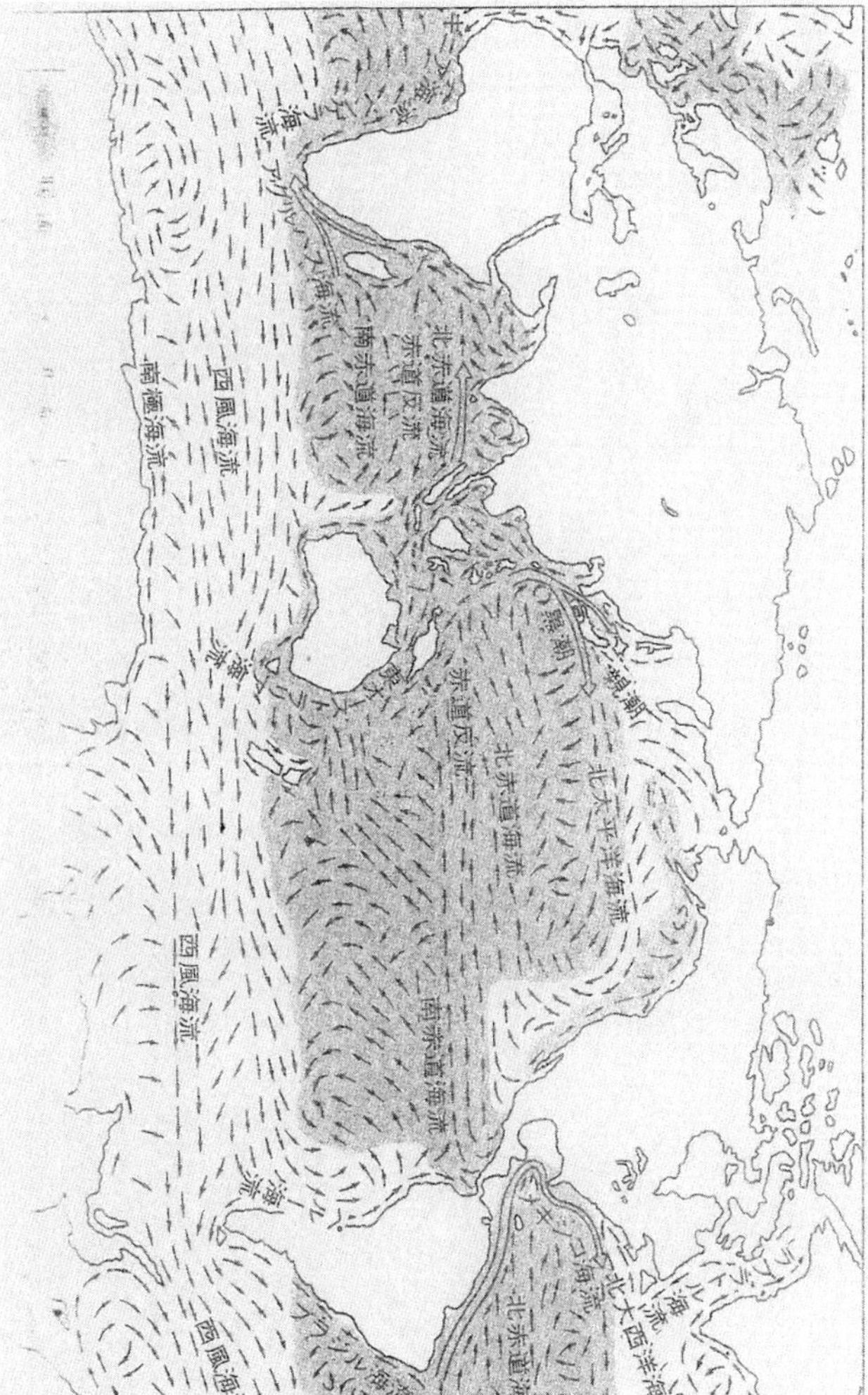

おわりに

地球上で最も環境に恵まれた照葉樹林帯の日本列島に、約二万年前（ビュルム氷期最盛期）、旧石器文化を持った旧人（ソロ人→ダーリ人）が黄河流域から沿海州を経て渡来し、旧い〝汎日本海文化〟時代の住民となった。この最初の渡来人・旧人＝ダーリ人の群れは、この火山列島を歩き回り、八ヶ岳などの〝黒曜石〟を見つけるとその生活様式を一変させていった。すなわち、「新石器文化」時代の到来である。

続く約一万二千年前、地球規模の「大洪水」によって海岸線なども大いに変わったが、このとき以後、スンダ大陸（インドネシア）を脱出した新モンゴロイドの群れが現れるようになり、北からオロッコ人が、南から港川人とアエタ族が、それぞれ根菜農耕と海洋文化を持って渡来し、ダーリ人と接触すると、その新石器文化を受容《じゅよう》して混血した。

こうしてわが国の縄文時代が始まったのであるが、約八千年前以後に渡来したツングース（アイヌ人）も含めて、彼らはすべてドラヴィダ人の血を引いている。そのため、これらすべての縄文人は、成人T細胞白血病ウイルス（ATLV-I）を持っていた。

このことは、日本人のルーツを考える際の重要な手掛かりとなる。

また、ATLV-IIという進化したウイルスを持った人々が、アメリカの先住民（アメリカ・インディアン）の中にもいる。これは、ベーリング海峡を渡ったドラヴィダ人の血を引く古モンゴロイドのオロッコ人や、太平洋を渡った新モンゴロイドの港川人（縄文人）などがアメリカ大陸に進出したためである。

われわれ日本人は、約一万年の昔から、このような誇るべき〝汎太平洋文化〟を持っていた。それが、白村江以後の『記紀』＝『六国史』によってすべて失われ、加えて明治以後の偽史シンジケートの学校教育によって、本稿のような「卑弥呼王朝の全貌」などは忘却の彼方へ押しやられていたのだ。

現代日本人が〝歌を忘れたカナリヤ〟のように、いつまでも太平洋戦争の敗戦後遺症による〝卑屈感〟に悩まされることなく、せめて「歴史を忘れた民族」とならないために、真剣に努力する国民になってほしい。これが筆者の心からなる願いである。

＜著者紹介＞

松重　楊江（まつしげ　ようこう）

大正14年、山口県柳井市生まれ。元柳井市議会議員。

現在、㈱松重の会長職の傍ら、歴史研究家として活動。

柳井地区日韓親善協会副会長。柳井ライオンズクラブ会員。

鹿島曻氏の生前には氏との親交も深く、共著にて『歴史捏造の歴史２』『明治維新の生贄』を著す。その他、『日本史のタブーに挑んだ男』『教科書には絶対書かれない古代史の真相』『二人で一人の明治天皇』『検証！　捏造《ねつぞう》の日本史』『倭人のルーツの謎を追う』『日本神話と古代史の真実』など、著書多数。

「卑弥呼王朝」の全貌

2011年９月１日　初版第１刷発行

著　者　松重 楊江
発行者　韮澤 潤一郎
発行所　株式会社 たま出版
〒160-0004 東京都新宿区四谷4－28－20
☎ 03-5369-3051（代表）
FAX 03-5369-3052
http://tamabook.com
振替　00130-5-94804
組　版　一企画
印刷所　図書印刷株式会社

ISBN978-4-8127-0330-4　C0021